탈무드

TalMud

탈무드

개정판 1쇄 인쇄 2012년 4월 10일 / 개정판 1쇄 발행 2012년 4월 16일
엮은이_박찬희 펴낸이_진성옥 · 오광수 펴낸곳_꿈과희망
디자인 · 편집_김창숙, 박희진 영업_최대현, 김진용 출판등록_제1-3077호
주소_서울시 용산구 갈월동 101-49 고려에이트리움 713
전화_02)2681-2832 팩스_02)943-0935 e-mail_jinsungok@empal.com
ISBN ┃ 978-89-94648-20-0 03810
※ 책값은 뒤표지에 있습니다

ⓒ Printed in Korea.
※ 잘못된 책은 바꾸어 드립니다.

탈무드

박찬희 엮음

꿈과 희망

신은 모든 사람에게 '희망'이라는 선물을 줍니다.

그러나 선물을 줄 때 그냥 주지 않고 '고난'이라는 포장을 곱게해서 줍니다.

고난이 무섭다고 포장을 뜯지 않으면 그 속에 담긴 선물은 내 것이 될 수 없습니다.

고난을 이겨내고 희망이라는 선물을 차지하는 것은

모두 나의 선택에 달렸습니다.

머리말

행복은 바로 내 안에 있다

인간은 태어나서 죽을 때까지 끊임없는 선택을 하면서 살아갑니다. 어떤 때는 내가 선택하고 있다는 생각이 들지 않을 정도로 아주 자연스럽게 선택을 하게 되지만, 어떤 때는 어느 것을 선택해야 할지 몰라 고민을 하다가 선택하는 경우도 있습니다.

삶의 과정에서 과연 우리는 어떤 선택들을 하고 있는 걸까요?

여러분은 정말 여러분이 원하는 삶을 살아가고 있나요?

누군가의 강요에 의해서, 때로는 자기도 느끼지 못할 정도로 몸에 익숙해진 어떤 과정대로 선택하고 선택 당하면서 살아가고 있지는 않나요?

뭔가를 선택한 뒤에 따르는 결과는 오로지 나의 몫입니다. 그것이 행복으로 다가오길 바라면서 선택들을 하지만 항상 원하는 결과를 얻는 것은 아닙니다. 원하지 않는 선택으로 받게 되는 고통도 나의 몫이 되겠죠.

이렇게 우리가 인생을 살아가면서 수많은 선택을 해야 할

때 그것을 결정짓게 하는 기준이 있습니다. 여러분의 기준은 무엇입니까? 올바른 선택을 하기 위해서는, '지혜'라는 기준이 필요합니다.

'내 인생은 내 것이니까 내 마음대로 선택하면 돼'라고 생각해도 우리네 선택은 많은 사람들과의 관계 속에서 이루어지는 것입니다.

이 사회는 나 혼자 살아갈 수 없는 곳이고, 함께 더불어 살아갈 때 그 속에서 느끼는 기쁨과 행복이 더 크기 때문에 우리는 삶의 선택의 기준을 잘 정해야 합니다.

탈무드는 지혜의 보물창고입니다. 이곳에 담겨 있는 지혜를 여러분의 몫으로 하는 것도 여러분의 선택입니다.

이제 손만 내밀어 보물창고의 문을 열기만 하면 됩니다.

즐겁고 기쁜 선택은 희망과 행복이라는 결과로 맺어질 것입니다.

차례

행복이라는 보물창고를 여는 열쇠입니다 — 지혜

웃음과 평화_15 미움과 앙갚음_18 서로 다른 시간_22

유산을 받기 위한 세 가지 지혜_25 솔로몬의 재판_29 굴뚝에 담긴 진실_32

그릇 속에 담긴 진실_36 깃털 같은 소문의 위력_38 어떤 유서_41

일곱 번째의 사람_44 영원한 재산_45 말없이 말하기_47

긍정적인 태도가 가져온 희망_53 행복은 마음속에_57 장님과 절름발이_60

방문_63 나무의 열매가 열리기까지_65 잃어버린 반지의 고통_67

죽음 앞에서 흘리는 눈물의 이유_70 선과 악의 만남_72 세 친구_75

기막힌 처방_80 술의 위력_81 칼을 이길 수 있는 힘, 교육_83

죽음의 축복_88 고난 속에서 피어난 웃음_90 표정은 최고의 밀고자_93

함께 웃을 수 있는 마법입니다

사랑

사랑은 오직 하나_97 벌거숭이 임금님_101 가정의 평화를 위해서_103

신발 장수의 희망 찾기_105 랍비와 악당_112 있는 그대로를 인정하라_114

욕심의 끝_116 진정한 효도의 모습_119 악마가 내린 선물_122

생명을 뜻하는 무덤_125 보이지 않는 선행_127 다이아몬드와 아버지_131

하느님이 맡긴 보석_133 유대인을 산 유대인_135 감사의 기도_140

신나는 장수_142 기차 안에서_144 진정한 올바름_146

세상에서 가장 빨리 자라는 아이_150 미리 준비하는 마음_152

당신의 뜻대로_154 갈비뼈 도둑_156 세 살 때부터 배우는 유대인_159

어느 랍비의 유서_161 바보가 되는 부모_162

더불어 살아야 하는 깨우침입니다

우화

제일 아픈 상처_167 지도자_169 좋은 일_171

가장 좋고, 가장 나쁜 것_173 인생을 잘 사는 비결_174

때로는 부드럽게 때로는 딱딱하게_175 과일 먹는 방법_176

마법의 사과_181 쉴 줄 아는 소_183 힘이 센 혀_186

주인을 구한 개_190 거미와 모기와 미치광이_194

당나귀와 다이아몬드_197 아낌없이 주는 마음_199

가시가 목에 걸린 사자_202 여우와 포도밭_204

무식한 사람의 재치있는 변호_206 랍비의 거스름돈_208

강한 것과 약한 것_212 동전의 교훈_214

머리, 가슴, 나아가 온몸으로 쏟아내는 외침입니다

말씀

랍비 힐렐의 열정_219 배려와 자유_222 벌금의 규칙_225

양심적인 자유 경쟁_228 랍비 아키바의 기도_230 랍비 요하난 벤 자카이_234

우주선을 탄 유대인의 기도_237 패배 속에서도 살아남는 유대인_239

패배의 날을 기념하는 유대인_241 일곱 가지 단계_243

일곱 가지 규율_244 신(神)_245 위생 관념_247 유대인의 생활_248

기도보다 중요한 정직_250 한 민족을 이어주는 일상의 끈_253

붕대의 위력_256 자루의 힘_257 가장 강한 사람_258 인간이란?_259

변화무쌍한 악의 모습_261 교육의 향기_263 돈의 양면성_265

동물이 보여주는 지혜_267 랍비 힐렐의 명언_268

남자와 여자사이_269 입과 혀의 재앙_271

지혜

행복이라는 보물창고를 여는
열쇠입니다.

웃음과 평화

어느 랍비가 여러 제자들을 데리고 시장에 갔다. 그 시장에는 많은 사람들이 모여 있었다. 시장은 물건을 사러 온 사람들과 물건을 파는 사람들로 복잡해 발 디딜 틈도 없었다. 갑자기 랍비가 제자들에게 외쳤다.

"지금 이 시장 안에는 생명을 영원히 얻을 만한 자격이 있는 사람이 있소."

제자들은 깜짝 놀라 서로의 얼굴만 쳐다보고 웅성거리기 시작했다.

"말도 안 되는 소리야. 이런 어수선한 시장 바닥에서 그런 사람이 어찌 있겠어."

"도대체 그게 누굴까?"

"이 시장 안에 그렇게 훌륭한 사람이 어디 있겠나. 있기는 뭐가 있겠어."

대부분의 제자들은 랍비의 말이 틀렸을 거라고 했다. 그때

한 제자가 랍비에게 물었다.

"선생님, 저기 저 사람 좀 보십시오. 저 사람은 책을 팔고 있습니다. 사람들이 책을 많이 사서 읽으면 지식이 풍부해져서 더 잘 살게 됩니다. 그러니 저 사람이야말로 영원히 생명을 얻지 않겠습니까?"

랍비는 고개를 저었다.

"그 사람은 아니라네."

제자들은 다시 고개를 갸웃거리며 곰곰이 생각해 보았다. 잠시 후에 다른 제자가 물었다.

"선생님, 혹시 약을 팔고 있는 저 약사 맞습니까? 저 사람은 아픈 사람을 치료해 주어 하나뿐인 사람의 목숨을 구해 줍니다. 그러니 영원한 생명을 얻을 만하지 않겠습니까?"

랍비는 이번에도 고개를 저었다.

제자들은 아무리 생각해 보고 주위를 살펴 보아도 이 시장 안에는 그렇게 훌륭한 사람이 있을 것 같지 않았다.

그때 이들 옆으로 허름한 옷차림을 한 두 사람이 지나가고 있었다. 이때 랍비가 그 사람들을 가리켰다.

"바로 저 사람들일세."

제자들은 어리둥절하고 도대체 이해가 가지 않았다.

"저렇게 보잘것없는 사람들이 영원한 생명을 얻을 만한 자격이 있다고요?"

"그렇다네."

제자들은 궁금하여 두 사람을 쫓아가 물었다.

"당신들은 어떤 귀중한 것을 팝니까?"

두 사람은 대답했다.

"우리는 하찮은 광대랍니다. 쓸쓸한 사람들에게는 웃음과 평안을 주고, 싸우는 사람들에게는 평화를 가져다 주지요."

❖ 나는 웃음의 능력을 보아 왔다. 웃음은 거의 참을 수 없는 슬픔을 참을 수 있는 어떤 것으로, 더 나아가 희망적인 것으로 바꾸어 줄 수 있다.

― 봅 호프

미움과 앙갚음

어느 랍비가 설교를 하기 위해 제자들을 불렀다. 그런데 어찌 된 일인지 제자들은 모이지 않고 한쪽에서 두 제자가 싸우는 모습이 눈에 들어왔다. 랍비가 자세히 지켜보았더니 그들은 예전에 한 사람이 다른 사람에게 했던 실수가 원인이 되어 싸움이 일어난 것 같았다.

"자네들 그만 다투고 이리 와서 내가 하는 이야기를 들어 보게."

랍비는 두 제자를 앞으로 불러 앉혔다. 그리고는 이렇게 이야기를 시작했다.

어느 마을에 농사를 짓는 두 남자가 있었다네. 그런데 어느 날 한 사내가 다른 사내를 찾아가 이렇게 부탁했어.

"여보게, 우리 집 낫이 부러져서 쓸 수가 없게 됐다네. 지금 급하게 낫이 필요한데 빌려 주면 좋겠네. 내 금방 돌려 주도록 하겠네."

 하지만 부탁을 받은 사내는 한 마디로 딱 잘라 거절했지 뭔가.

 "그건 힘들겠네. 나도 마침 낫을 써야 할 일이 생겼다네. 다른 사람에게 부탁을 해보게."

 낫을 빌리려던 사내는 어쩔 수 없이 빈 손으로 집으로 돌아갔지.

 며칠 후 이번에는 지난번 부탁을 거절했던 사람이 낫을 빌리려고 했던 사람에게 찾아왔어.

 "우리 집 말이 갑자기 병이 나 아무 일도 할 수 없게 됐지 뭔가. 자네 말 좀 빌려 줄 수 없겠는가?"

 그러자 사내는 말했지.

 "그렇게는 못하겠는데. 지난번 자네는 나에게 낫을 빌려 주지 않았지. 그러니 나 역시 말을 빌려 줄 수 없다네."

 말을 빌리러 왔던 사람도 결국에는 빈 손으로 돌아갔네.

 이야기를 마친 랍비는 두 제자에게 물었다.

 "자신의 부탁을 거절했다고 해서 똑같이 말을 빌려 주지 않은 이 사람의 행동을 자네들은 무엇이라 말하겠는가?"

 한 제자가 말했다.

"그것은 앙갚음입니다."

"그렇지. 바로 앙갚음이야. 그럼 이제 또 다른 이야기를 들어 보게."

랍비는 제자들에게 또다른 이야기를 들려 주었다.

어느 마을에 농사를 짓는 두 사람이 있었다네. 하루는 한 사람이 다른 사람을 찾아가 정중하게 부탁했지.

"여보게, 우리 집 낫이 부러져서 쓸 수 없게 되었거든. 지금 당장 급하게 낫이 필요한데 빌려 줄 수 없겠는가. 쓰고 바로 돌려 주겠네."

그러나 부탁을 받은 사람은 냉정하게 거절했어.

"안 되겠네. 나도 지금 낫을 써야 하니까 빌려 줄 수가 없어. 다른 사람에게 빌려보게."

그 사람은 어쩔 수 없이 빈 손으로 돌아갔네. 그런데 얼마 후 이번에는 부탁을 거절했던 사람이 낫을 빌리러 왔던 사람을 찾아갔지 뭔가.

"여보게, 글쎄 우리 집 말이 병이 나서 아무 일도 못 하게 되었네. 자네 말을 잠깐만 빌려 줄 수 없겠나?"

그러자 낫을 빌리지 못했던 그 사람은 선뜻 말을 빌려 주었어. 그리고는 이렇게 말하는 거야.

"자네는 나한테 낫을 빌려 주지 않았지만 나는 자네에게 말을 기꺼이 빌려 주겠네."

이 말을 들은 사람은 말을 빌릴 수는 있었지만 마음이 썩 좋지는 않았어.

말을 마친 랍비는 다시 제자들에게 물었다.

"자신의 부탁을 거절했던 사람에게 기꺼이 말을 빌려 준 이 사람의 행동은 무엇이라고 말할 수 있겠는가?"

제자 중 한 사람이 대답했다.

"그것은 미움이지요."

"그렇다네. 그건 바로 미움이야. 부탁을 들어 주기는 했지만 진심에서 우러나온 일이 아니었으니 그것은 결코 아름답지 않은 행동이지."

그제서야 서로의 잘 잘못을 따지며 다투던 두 제자는 마치 약속이나 한 것처럼 서로의 손을 내밀었다.

"내가 잘못했네. 용서해 주겠는가?"

"이 친구야, 용서라니. 오히려 내가 미안하네. 날 용서해 주게."

두 제자는 맞잡은 손을 더욱 꼭 잡았다.

서로 다른 시간

옛날에 포도밭을 많이 가지고 있는 왕이 있었다. 포도밭이 많아서 일하는 일꾼들도 당연히 많이 필요했다. 사람이 많으면 시끄럽기 마련인데 다행히 포도밭에서 일하는 일꾼들은 부지런하고 성실하였다. 그 많은 일꾼 중에서 꾀를 부리거나 게으름을 피우는 사람은 한 명도 없어서 왕은 참 다행이라고 생각했다. 그러던 어느 날 왕은 자신 소유의 밭을 둘러보고 싶어져 신하를 불렀다.

"내가 올해는 포도 농사가 어찌 되었는지 몹시 궁금하구나! 밭을 둘러보아야겠다. 어서 나갈 준비를 하여라."

"네, 알겠습니다."

신하는 얼른 가서 왕이 포도밭을 둘러보는데 지장이 없도록 준비를 하였다. 왕과 신하는 곧 포도밭에 도착하였다.

"참, 아름답구나! 얼마나 탐스러운가! 주렁주렁 달린 이 열매 좀 보게나."

왕은 포도밭을 처음 본 사람처럼 감탄을 하고 또 하였다. 그런데 포도밭을 쳐다보던 왕이 어느 한 곳을 뚫어지게 바라보았다. 그곳에는 한 일꾼이 열심히 일을 하고 있었다. 일하는 것이 어찌나 야무진지 보는 사람이 넋을 빼 놓을 정도였다.

"이봐라. 저기 저 일꾼이 누구인고? 일하는 솜씨가 보통이 아니구나. 어서 이리 데려오도록 하여라."

왕은 신하들에게 명령을 내렸고, 그 일꾼은 왕 앞에 불려 나왔다.

"너의 일하는 솜씨가 참으로 대단하구나. 그대만의 어떤 비결이라도 있느냐?"

왕이 다정히 물었다.

"아닙니다. 저는 다만 이 포도밭을 제 포도밭이라고 생각하고 일을 할 뿐입니다. 식물이든 사람이든 사랑을 받는 것은 모두 잘 자라게 되어 있습니다."

이 일꾼은 일만 잘 하는 것이 아니라 마음까지도 겸손한 사람이었다. 왕은 더욱 마음이 흐뭇해졌다.

"오늘은 자네와 함께 이 포도밭을 둘러보고 싶으니 안내를 좀 해주겠나?"

일꾼은 너무 황송하고 당황스러워 공손히 머리 숙여 절을 하였다. 그런 후에 왕을 모시고 포도밭 구석구석을 친절하게 안내를 하였다.

 어느덧 날이 저물었다. 일을 모두 마친 일꾼들은 그 날 일한 품삯을 받으려고 줄을 길게 늘어서 있었다. 모두들 공평하게 품삯을 받아서 돌아갔다. 그런데 일 잘 하는 일꾼이 품삯을 받아서 돌아가려 할 때 어떤 일꾼이 화가 나서 왕에게 불평을 늘어놓았다.

 "왕이시여, 저 사람은 오늘 두 시간밖에 일을 하지 않고 나머지 시간은 전하와 함께 보냈습니다. 그런데 어찌하여 우리와 똑같이 품삯을 받습니까? 이것은 너무 불공평한 일입니다."

 왕은 고개를 저으며 대답하였다.

 "그리 생각하느냐? 그것은 그렇지 않다. 잘 보아라. 너희가 하루종일 한 일을 이 사람은 단 두 시간에 하지 않았느냐. 일을 한 시간이 중요한 게 아니라 얼마나 많은 일을 했는지가 중요한 것이다.

 불평을 했던 일꾼은 더 이상 아무 말도 못하고 집으로 돌아갔다.

유산을 받기 위한 세 가지 지혜

예루살렘의 한 주민이 여행 도중에 병이 들었다. 그는 이제 자신이 살 수 없다고 판단하고, 여관 주인을 불렀다.

"아무래도 나는 더 이상 살 수 없을 것 같소. 나의 죽음을 알고 예루살렘에서 누군가 찾아오면 내 재산을 물려 주기 바랍니다. 그러나 세 가지 지혜로운 행동을 하지 않으면 내 재산을 결코 물려 주어서는 안 됩니다. 왜냐하면 여행길을 나서기 전, 내 아들에게 내가 만약 여행 중에 죽게 되어 유산을 상속받기 위해서는 세 가지 지혜로운 행동을 하지 않으면 안 된다는 조건을 붙였기 때문입니다."

얼마 후 사나이는 죽고 유대의 장례식에 의해 매장되었다. 동시에 동네 사람에게도 이 남자의 죽음이 알려졌고, 예루살렘에 있는 아들에게 소식이 전해졌다.

아들이 예루살렘에서 아버지의 죽음을 듣고 아버지가 죽은 도시의 성문 가까이 왔다.

그는 아버지가 돌아가신 여관을 알 수가 없었다. 사실은 아버지가 자기가 죽은 여관을 아들에게 가르쳐 주지 말라고 유언했기 때문에 아들은 그 집을 직접 찾아야만 했다.

때마침 땔나무 장수가 땔나무를 많이 지고 지나가고 있었다. 아들은 그를 불러 세워 땔나무를 비싼 값에 사더니 예루살렘에서 온 나그네가 죽은 여관에 갖다 주라고 한 후, 땔나무 장수의 뒤를 따라갔다.

여관 주인이 땔나무를 산 적이 없다고 하자, 땔나무 장수가 말했다.

"지금 내 뒤에 따라오는 사람이 이 땔나무를 사더니 이 집에 갖다 주라고 말했습니다."

이것이 첫 번째 지혜로운 행동이었다.

여관집 주인은 기뻐하며 그를 맞아 들여 저녁식사를 차려 주었다. 식탁에는 다섯 마리의 비둘기와 한 마리의 닭이 요리로 나왔다. 그 외에 집 주인과 그의 아내 그리고 두 아들과 두 딸, 일곱 명이 둘러 앉았다.

"청하건데 음식을 모두에게 좀 나누어 주십시오."

"아닙니다. 당신이 주인이니까 당신이 하시는 것이 좋겠습니다."

"당신이 손님이니까 당신이 원하는 대로 나눠 주십시오."

 여관 주인의 부탁에 아들은 음식을 나누기 시작했다. 먼저 한 마리의 비둘기를 두 아들에게 주었다. 또 한 마리의 비둘기를 두 딸에게 주고 또 한 마리의 비둘기를 두 부부에게 주고서 그는 두 마리의 비둘기를 자신을 위해 남겨 놓았다.

 이것은 그에게 있어서 두 번째의 지혜로운 행동이었다. 집주인이 이것을 보고 난처한 얼굴을 했으나 아무 말도 하지 않았다. 다음에 닭을 나누기 시작했다. 먼저 머리를 주인 부부에게 주었다. 두 아들에게는 다리를 주었다. 두 딸에게는 날개를 주고 나머지 큰 몸통은 자기 앞에 놓았다. 이것은 세 번째의 지혜로운 행동이었다.

 집주인은 마침내 화를 내기 시작했다.

"당신네 나라에서는 이렇게 합니까? 당신이 비둘기를 나누어 줄 때까지는 참으려고 했지만 닭을 나누는 것을 보고 있으니 도무지 견딜 수가 없소! 도대체 이게 무슨 짓이요?"

젊은 사나이는 말했다.

"나는 음식을 나누는 일을 하고 싶지 않습니다. 그래도 당신이 간곡히 부탁했기 때문에 나는 최선을 다한 것입니다. 당신과 부인과 비둘기로 셋, 두 아들과 비둘기로 셋, 두 딸과 비둘기로 셋, 거기에 두 마리의 비둘기와 나와 셋이 됩니다. 이것은 매우 공평합니다. 또 당신은 첫째의 가장이므로 닭의 머리를 드렸습니다. 당신의 아들 둘은 이 집의 기둥이므로 두 개의 다리를 드렸습니다. 딸들에게 날개를 준 것은 이제라도 날개가 자라서 다른 집안에 시집을 가버리기 때문입니다. 나는 배를 타고 여기에 와서 돌아가야 하기 때문에 몸통 부분을 얻었던 것입니다. 이제 아버지의 유산을 돌려 주십시오."

❖ 우리 인생에서 가장 중요한 것은, 멀리 떨어져 있는 것을 바라보기 위하여 노력하는 것이 아니라 가까이 있는 일을 성실하게 처리하는 것이다. 고난은 우리의 영혼을 더욱 강하게 만들 수 있다. 거센 바람에도 흔들리지 않는 뿌리 깊은 나무처럼······

– 마샤 그레이스

지혜, 행복이라는 보물창고를 여는 열쇠입니다

솔로몬의 재판

세 사람이 안식일에 예루살렘에 도착했다. 당시에는 은행이 없어서 세 사람이 가지고 있던 돈을 모두 땅에 묻었다.

그런데 세 사람 가운데 한 사람이 몰래 그곳에 가서 돈을 모두 꺼내 가져가 버렸다.

이튿날 세 사람은 솔로몬 왕을 찾아가서, 세 사람 중에 누가 돈을 훔쳤는지 판정해 달라고 요청했다.

"당신들 세 사람은 매우 현명한 사람들입니다. 내가 지금 재판을 하는데 곤란을 겪고 있는 문제가 있습니다. 이것을 풀 수 있도록 협조해 주시오. 그러면 당신들 세 사람의 문제는 내가 재판해 주겠습니다."

그리고는 이렇게 이야기 했다.

어떤 젊은 아가씨가 어떤 남자와 결혼하기로 약속을 했다. 그러나 얼마 지나지 않아 다른 남자와 사랑에 빠져 처음에 사권 남자에게 헤어지자고 했다. 그녀는 그 때문에 위자료를 주어도 좋다고 했다. 그러자 첫 번째 남자는 위자료는 필요 없다고 했다. 그리고 그녀와 약혼을 취소했다. 그러던 어느 날 그녀는 많은 돈을 가지고 있었기 때문에 어떤 노인에게 유괴되었다.

젊은 아가씨는 노인에게 당당한 목소리로 이렇게 말했다.

"나는 결혼하려고 약속했던 남성에게 약혼 취소를 요구했는데도 그 사람은 위자료도 받지 않고 나를 놓아 주었습니다. 당신도 똑같은 일을 내게 해야 합니다."

노인은 돈을 받지 않고 그녀를 풀어 주기로 했다.

"자, 이 가운데서 누가 제일 칭찬 받아야 할 행위를 한 사람일까요?"

솔로몬 왕은 세 사람에게 물었다.

그러자 첫 번째 사나이는 이렇게 말했다.

"맨 처음 그녀와 약혼은 했지만 약혼을 취소 당했는데도 위자료도 받지 않은 사나이가 칭찬 받아야 합니다. 그녀의 의사를 무시하면서까지 결혼 하려고 하지 않았으며 돈도 받지 않았기 때문입니다."

다음 사나이는 달랐다.

"아닙니다. 그 아가씨야말로 칭찬 받아야 합니다. 그녀는 용기를 갖고 맨 처음 남자에게 약혼의 취소를 요구하고 진정으로 사랑하고 있는 남자와 결혼했습니다. 이거야말로 칭찬 받아야 합니다."

세 번째 사나이는 의외였다.

"이 이야기는 뒤죽박죽이어서 나는 종잡을 수가 없습니다. 첫째 유괴한 사람도 돈 때문에 유괴했는데도 돈을 빼앗지 않은 채 풀어 주다니 이 이야기는 전혀 말이 되지 않습니다."

솔로몬 왕은 큰 소리로 외쳤다.

"네가 범인이다."

"네? 어찌 제가 범인입니까?"

"다른 두 사람은 사랑이라든가 아가씨와 약혼자 사이에 존재하고 있던 인간 관계, 그 사이에 있던 긴장된 기분 같은 것을 곧 알아차렸는데도 너는 돈 밖에 생각하고 있지 않았다. 네가 틀림없이 범인이다."

굴뚝에 담긴 진실

어떤 학자가 유대인에 대해 연구하고 있었다. 그러나 아무리 공부를 하여도 유대인이 어떤 사람인지 도저히 알 수가 없었다. 그래서 그는 유대의 랍비를 찾아갔다.

"안녕하세요? 저는 유대인에 대해 연구하고 있는 학자랍니다."

"네, 그러시군요."

랍비는 그 학자를 반갑고 정중하게 맞아 주었다.

"저는 유대인에 관한 책을 많이 연구했지만, 아직도 유대인이 어떤 사람인지 잘 모르겠습니다. 제 생각에는 탈무드를 공부해야 유대인에 대해 잘 알 것 같습니다. 그러니 저에게도 제발 탈무드를 가르쳐 주십시오."

학자는 랍비에게 자기의 사정 이야기를 했다. 그러나 조금 전까지 반갑게 맞아 주던 랍비가 얼굴색이 변하더니 딱 잘라 거절을 하였다.

"당신은 탈무드를 공부할 자격이 없군요."

그러나 쉽게 포기할 학자가 아니었다. 그는 포기하지 않고 막무가내로 랍비를 졸랐다.

"선생님, 저는 어떤 일이 있어도 탈무드를 꼭 공부하고 싶습니다. 제가 탈무드를 공부할 자격이 있는지 없는지 시험을 해보아 주세요."

학자의 결심이 워낙 확고해서 랍비도 조금은 생각을 바꾸었다.

"그러면 어디 간단한 시험을 해봅시다. 내가 문제를 낼 테니 한 번 풀어 보시오."

랍비가 문제를 냈다.

"두 소년이 있었소. 어느 날 두 소년은 같이 굴뚝 청소를 하게 되었소. 굴뚝 청소를 마친 소년이 밖으로 나왔는데 한 소년은 그을음 하나 묻히지 않은 채 깨끗한 얼굴로 나왔고, 다른 한 소년은 얼굴이 새까맣게 되어서 나왔소. 그러면 당신 생각에는 두 소년 중 누가 세수를 할 것 같소?"

학자는 생각도 해보지 않고 재빨리 대답을 하였다.

"그야 물론 얼굴이 새까맣게 된 소년이지요."

랍비는 쌀쌀맞은 목소리로 대답했다.

"그것 보시오. 당신은 역시 탈무드를 공부할 자격이 없지 않은가?"

학자는 그럴리가 없다는 듯이 다시 물었다.

"왜 제 대답이 틀렸습니까? 랍비님, 그럼 도대체 어떤 소년이 세수를 한단 말입니까?"

랍비는 굳은 표정으로 말했다.

"두 소년이 같이 굴뚝 청소를 하고 나왔는데 한 소년은 깨끗한 얼굴 그대로이고, 다른 소년은 얼굴이 새까맣게 되었네. 얼굴이 새까맣게 된 소년은 얼굴이 깨끗한 소년을 보고 '아, 내 얼굴도 저렇게 깨끗하겠구나' 하고 생각할 것이네. 그러나 얼굴이 깨끗한 소년은 얼굴이 새까맣게 된 소년을 보고 '아, 내 얼굴도 저렇게 새까맣겠구나' 하고 생각하게 된다네. 그러면 도대체 누가 얼굴을 씻겠는가?"

랍비의 이야기를 듣고 있던 학자가 무릎을 치며 소리쳤다.

"선생님, 이제야 알 것 같아요. 저에게 한 번만 더 기회를 주십시오. 다시 한 번 시험해 주세요."

랍비는 같은 질문을 다시 했다.

"이번에는 잘 듣고 대답을 하게나. 두 소년이 함께 굴뚝 청소를 했는데 한 소년은 깨끗한 얼굴로, 다른 한 소년은 더러운 얼굴로 내려 왔네. 그러면 두 소년 중에서 어느 소년이 얼굴을 씻겠는가?"

학자는 정답을 알고 있었으므로 자신만만하게 큰 소리로 대답을 하였다.

"물론 얼굴이 깨끗한 소년이 얼굴을 씻을 것입니다."

학자의 대답을 들은 랍비는 조금 전보다도 더 차갑고 쌀쌀한 목소리로 다음과 같이 말을 하였다.

"당신은 탈무드를 공부할 자격이 없네."

학자는 매우 실망을 하여 기가 푹 죽었다. 그리고 랍비에게 다시 물었다.

"그러면 도대체 세수는 어떤 소년이 한단 말입니까?"

랍비가 말했다.

"두 소년이 모두 씻어야 한다네. 두 소년이 함께 굴뚝 청소를 했는데 어찌하여 한 소년은 깨끗한 얼굴로, 다른 소년은 더러운 얼굴로 나올 수 있겠는가?"

❖ 바보는 때때로 어려운 것을 쉽게 생각해서 실패하고, 현명한 자는 때때로 쉬운 것을 어렵게 생각해서 실패한다.

— 콜린스

지혜, 행복이라는 보물창고를 여는 열쇠입니다

그릇 속에 담긴 진실

매우 총명하지만 얼굴이 못생긴 한 사람의 랍비가 로마 황제의 왕비를 만났다.

그 왕비는 못생긴 랍비를 보자 혼잣말로 이런 말을 했다.

"뛰어난 총명이 이런 못생긴 그릇에 들어 있군!"

그러자 랍비가 물었다.

"왕궁 안에 술이 있습니까?"

"물론 있네."

"무슨 그릇에 들어 있습니까?"

왕비는 당연하다는 듯 다음과 같이 말했다.

"보통의 항아리라든가 술병과 같은 그릇에 들어 있네."

그 말을 듣고 랍비는 말했다.

"로마의 왕님같이 훌륭하신 분이 금이나 은그릇도 많이 있을 텐데 어찌 그런 보잘것 없는 항아리를 쓰십니까?"

이 말을 들은 왕비는 싸구려 항아리에 들어 있던 술을 금이

나 은그릇에 넣었다. 그러자 술맛이 변해서 맛이 없게 되었다. 이에 왕이 화를 내어 말했다.

"누가 이런 어리석은 짓을 했느냐?"

왕비는 솔직하게 답했다.

"그렇게 하는 것이 좋다고 생각해서 제가 그렇게 했습니다."

그리고는 랍비가 있는 곳으로 가서 랍비에게 화를 냈다.

"당신은 어찌하여 나에게 이런 일을 하도록 했습니까?"

랍비는 말했다.

"나는 단지 당신에게 대단히 귀중한 것이라고 할지라도 싸구려 항아리에 넣어 두는 쪽이 좋은 경우가 있다고 가르치고 싶었을 뿐입니다."

❖ 지혜를 이해하려면 지혜가 있어야 한다. 제 아무리 훌륭한 음악이라도 듣는 사람이 귀머거리라면 무슨 가치가 있겠는가.

― 월터 리프만

깃털 같은 소문의 위력

어떤 마을에 이웃의 소문을 퍼뜨리길 좋아하는 여자가 살고 있었다. 견딜 수 없게 된 이웃의 주부들이 랍비에게 도움을 청하러 왔다.

첫 번째 여자가 말하였다.

"그 여자는 말입니다. 나에 대해서 빵 대신 늘 과자만 먹는다고 말하고 있어요. 난 과자를 좋아한다고 말했을 뿐, 아침, 점심, 저녁 매일 식사 대신 과자를 먹는다고 말한 적이 없어요. 그런데 그 여자는 사람들한테마다 그런 이야기를 하고 있어요."

또 다른 여자가 이렇게 호소하였다.

"그 여자는 말입니다. 내가 아침부터 남편이 출근을 하면 낮잠을 잔다고 말하고 다녀요."

또 한 여자가 하소연을 하였다.

"그 말 많은 여자는 나를 만날 때마다 참 아름답다고 말하고, 남편한테는 나이에 어울리지 않게 젊어 보이려고 화장을 지나치게 한다고 소문을 내고 있습니다."

랍비는 한 사람 한 사람의 얘기를 들은 다음 여자들이 돌아가자 사람을 보내어 소문 퍼뜨리는 여자를 불러 오도록 하였다.

"당신은 어째서 이웃 여자들에 대해 여러 가지 말을 꾸며 소문을 내고 다닙니까?"

그러자 그녀는 아무것도 아니라는 듯 웃었다.

"제가 말을 만든 것은 별로 없습니다. 다만 현실보다 과장을 해서 말하는 버릇이 있는지는 모릅니다. 그렇지만 진실에 가까울 것입니다. 저는 이야기를 조금 재미있게 하고 있다고 생각합니다. 저는 말이 조금 많은 편인지도 모르겠습니다. 제 남편도 그렇게 이야기 했으니까요."

랍비는 잠시 생각에 잠겼다가 잠깐 방에서 나가 커다란 자루를 가지고 돌아왔다.

랍비는 여자를 향하여 말을 하였다.

"이 자루를 가지고 광장까지 가십시오. 광장에 도착하면 자루를 열어 이 안에 들어 있는 것을 늘어놓으면서 집으로 돌아가십시오. 집에 도착하거든 다시 늘어놓고 온 것을 주워 모으면서 광장으로 돌아가십시오."

여자가 자루를 받아 보니 매우 가벼웠다. 도대체 이 안에 무엇이 들어 있을까? 궁금했다. 그녀는 광장을 향해 서둘러 갔다. 광장에 도착하여 자루를 열어 보니 안에는 새의 깃털이 가득 들어 있었다. 맑게 개인 날이었으며 산들 바람이 가볍게 불고 있었다. 그녀는 랍비가 시키는 대로 깃털을 꺼내어 길바닥에 늘어놓으며 집으로 돌아왔다. 집에 도착하자 자루는 비어 있었다. 이번에는 빈 자루를 들고 집을 나가 길바닥에 늘어놓은 깃털을 주우면서 광장에 가려고 하였다. 그러나 깃털은 바람에 날려 이곳저곳으로 날아갔다. 그녀는 랍비한테로 돌아와 말씀대로 깃털을 늘어놓았지만 몇 장 밖에 주워 모을 수가 없었다고 하였다.

"그럴 겁니다. 소문이란 그 자루 속에 있는 깃털과 같은 것입니다. 일단 입에서 나가 버리면 다시 찾을 수가 없지요."

랍비의 기지로 여자의 수다쟁이 버릇은 고쳐졌다.

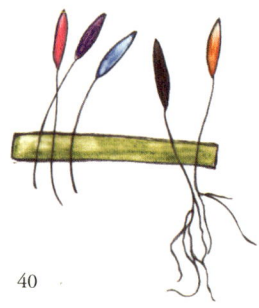

어떤 유서

예루살렘에서 멀리 떨어진 곳에 살고 있던 한 현명한 유대인이 아들을 예루살렘의 학교에 입학시켰다. 아들이 학교에서 공부하고 있는 사이에 유대인은 병이 들어, 죽기 전에 도저히 아들과 만날 수 없다고 생각하여 유서를 썼다. 그는 전 재산을 노예 한 사람에게로 주기로 할 것, 다만 그 중에서 아들이 바라는 하나만을 아들에게 주도록 하라는 내용이었다. 유대인은 마침내 죽고 노예는 자기의 행운을 기뻐하며 예루살렘으로 뛰어가서 아들에게 유서를 전했다.

아들은 매우 놀라며 슬퍼했다. 장례가 끝나고 아들은 어떻게 할지 곰곰이 생각했다. 그는 랍비의 집으로 가서 상황을 설명하고는 이렇게 물었다.

"어찌하여 아버지는 나에게 재산을 남기지 않았을까요? 저는 한 번도 아버지를 실망시키는 일을 한 적이 없는데요."

랍비가 말했다.

"천만에. 자네 아버지는 매우 현명하시고, 자네를 매우 사랑하고 계셨네. 이 유서를 보면 알 수 있지 않나!"

그러나 아들은 마치 원망하듯이 말했다.

"재산은 노예에게 다 주고, 아들에게는 아무것도 남겨 주지 않았으니 애정도 없고, 어리석은 짓이라고 밖에 생각되지 않습니다."

랍비는 타이르듯 말했다.

"자네도 아버님처럼 머리를 써야 하네. 아버님이 무엇을 바라고 있는가를 생각하면 자네에게 훌륭한 유산을 남긴 것을 알 수 있을 것이네."

또 랍비는 아들을 향해서 다음과 같이 이야기했다.

"자네 아버님은 자기가 죽었을 때 곁에 아들이 없었기 때문에, 노예가 재산을 모두 갖고 도망을 가서 자기가 죽은 일조차 아들에게 전하지 않을지도 모른다는 생각에 전재산을 노예에게 준 거라네. 전재산을 주면 노예는 기뻐서 서둘러 아들에게 소식을 전해 줄 것이며, 재산을 소중하게 간직해 둘 것이라고 생각한 거지."

그러자 그 아들이 랍비에게 물었다.

"그것이 내게 무슨 소용이 있습니까?"

"젊은이는 지혜가 역시 모자라는구먼! 노예의 재산은 전부 주인에게 속하고 있다는 것을 모르는가? 자네의 아버님은 하나만 자네에게 주겠다고 하지 않았는가? 자네는 노예를 소유하면 그것이 전재산을 소유하는 것이 아닌가? 이것이 얼마나 애정이 깊은 현명한 생각인가!"

젊은이는 그제서야 겨우 깨닫고는 랍비가 말하는 대로 하고 나중에 노예를 해방시켜 주었다.

그리고는 입버릇처럼 말하곤 했다.

"나이 많은 사람의 지혜는 따르지 못한다."

❖
지혜로운 이가 하는 일은 쌀로 밥을 짓는 것과 같고, 어리석은 자가 하는 일은 모래로 밥을 짓는 것과 같다. 수레의 두 바퀴처럼 행동과 지혜가 갖추어지면 새의 두 날개처럼 나에게 이롭고 남도 이롭게 된다.

― 원효

일곱 번째의 사람

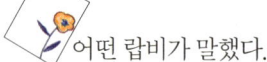어떤 랍비가 말했다.

"내일 아침 여섯 명이 모여서 어떤 문제를 해결하기로 했다."

그런데 이튿날 아침이 되자 7명의 사람이 모였는데 그 중 한 사람은 초대도 하지 않은 불청객이었다.

그래서 노골적으로 말했다.

"여기에 올 필요가 없는 사람이 있으니 돌아가라!"

그러자 그 중에서 누가 보아도 꼭 필요한 가장 유명한 사람이 나가 버렸다.

그는 왜 그랬을까? 만약 부름을 받지 않았거나 어떤 잘못으로 나온 사람이 굴욕감을 느끼지 않도록 하기위해 자신이 나가 버린 것이다.

영원한 재산

어떤 배 위에서의 이야기이다. 선객들은 모두 부자였으며 그 가운데 랍비가 한 사람 타고 있었다. 부자들은 서로 자기의 재산이 더 많다고 자랑하고 있었다.

그러자 랍비가 말했다.

"내가 제일 부자라고 생각하지만, 지금은 내 재산을 보여 줄 수 없다."

그때 마침 해적이 배를 습격하였다.

부자들은 가지고 있던 금은 보석을 모두 잃고 말았다. 해적이 사라진 뒤 배는 항구에 닿았다. 랍비는 교양과 학식이 높다는 것이 알려져 학교에서 학생을 모아 가르치게 되었다.

얼마 뒤 랍비는 배에서 함께 여행을 했던 지난날의 부자들과 만났으나 모두 가난뱅이가 되어 있었다.

그 사람들은 한결같이 말했다.

"당신의 말이 옳았습니다. 교양 있는 자는 모든 것을 가지고 있는 것 같소. 돈은 사라져 버릴 수 있지만, 지식은 사라지지 않는 것 같소."

여러 가지 지식은 항상 빼앗기는 일 없이 가지고 다닐 수 있으며, 교육이 가장 중요하다는 사실이 입증되었다.

❖ 책을 가볍게 생각해서는 안 된다. 지금까지의 세계 전체가 결국은 책으로 지배되어 왔기 때문이다.

- 볼테르

말없이 말하기

옛날에 유대인과 로마 사람들이 사이가 좋지 않았을 때의 일이다. 로마의 황제가 유대에서 가장 지혜롭다는 랍비와 사이좋게 지내고 있었다. 두 사람은 같은 날에 태어나 생일까지 같았다. 그래서 더욱 친하게 지내게 되었다. 그러나 황제와 랍비가 친구처럼 지낸다는 것은 비밀이었다. 만약 백성들이 이런 사실을 안다면 시끄러울 게 분명하였다. 황제는 머리 아픈 일들을 해결해야 할 때가 많았다. 그럴 때마다 황제는 랍비에게 좋은 해결 방법을 알려 달라고 자문을 구하곤 했다. 그러나 본인이 직접 가서 물어 볼 수가 없었다. 그래서 중간에 심부름꾼을 시켜서 물어 보곤 했다.

그러던 어느 날이었다. 황제에게 두 가지 고민이 생겼다. 한 가지는 다른 나라와의 무역이 활발한 도시를 만드는 것이요, 다른 하나는 자신이 죽기 전에 아들을 황제 자리에 앉히는 것이었다. 그러나 황제는 이 두 가지 중에 한 가지밖에 할 수가 없는 처지였다.

'아, 답답하군, 무슨 좋은 방법이 없을까? 난 이 두 가지를 꼭 해야만 해. 그래야 죽을 수 있을 것 같애.'

황제는 깊은 고민에 빠졌다.

'그래, 이번에도 유대의 랍비에게 물어 봐야겠어. 이 랍비라면 좋은 해결 방법을 알려 줄 수 있을 거야. 하지만 직접 찾아 갈 수가 없으니 답답하군.'

이렇게 생각한 황제는 가장 믿음직스러운 신하 한 명을 불렀다. 그는 이런 심부름을 여러 번 하였던 신하였다.

"이번에도 자네가 수고를 해야겠네. 내 고민을 해결할 수 있는 방법을 꼭 알아서 돌아오게."

황제의 고민을 들은 신하는 유대의 랍비를 찾아가 사정 이야기를 하였다. 그런데 요즈음은 두 나라의 관계가 가장 나쁜 시기였다. 그러므로 황제와 랍비가 서로 묻고 대답한 일을 백성이 알면 곤란했다. 랍비는 깊은 생각에 빠졌으나 신하에게 아무 말도 못하고 그냥 돌려보냈다. 먼 길을 온 신하는 랍비에게 아무 말도 듣지 못하고 다시 황제에게로 갔다.

"수고했다. 자네가 들어 온 해결책은 무엇인가?"

황제는 신하를 반갑게 맞이하며 물어 보았다. 그러나 신하의 대답은 너무 실망스러웠다.

"폐하, 송구스럽지만 랍비께서는 아무 해결책도 말하지 않았습니다."

"무엇이라고? 아무 대답도 하지 않았다고?"

황제는 많은 기대를 하고 있었기 때문에 그 대답이 너무 실망스러웠다. 그러나 곧 이런 생각을 했다.

'그래, 랍비가 아무 대답도 하지 않은 데는 그럴 만한 이유가 있을 거야. 지금처럼 두 나라의 관계가 좋지 않을 때는 조심하는 게 좋을 거야. 그래도 랍비가 아무 대답도 하지 않을 리가 없는데.'

황제가 이리저리 궁금하여 생각에 빠져 있었다.

"폐하, 지금 가만히 생각해 보니 랍비가 아무 말도 하지 않았지만, 이상한 행동을 하였습니다."

신하는 고개를 갸우뚱거리며 무언가 생각나는 것이 있는지 말하였다.

"이상한 행동이라고? 그것이 무엇이냐? 어서 말해 보아라."

"네. 랍비께서는 저의 이야기를 다 들은 후에 아들을 불렀습니다. 그리고는 아들을 목마를 태우고 아들에게 비둘기 한 마리를 주었습니다. 그러자 아들은 그 비둘기를 하늘에 날려 보냈습니다. 그 외에는 어떤 행동도, 아무 말도 하지 않았습니다."

신하의 이야기를 들은 후 황제는 랍비의 행동에 대해 깊이 생각해 보았다.

 '물음에 대한 답은 아니하고 다른 행동만 했다면 그 행동에 내 질문에 대한 답이 담겨져 있을 거야. 도대체 어떤 의미일까?'

 황제는 고민을 하더니 잠시 후 무릎을 탁 쳤다.

 "그래, 바로 이거야!"

 랍비는 황제의 질문에 말로 대답하는 대신 행동으로 그 방법을 알려 주었던 것이다. 랍비가 아들에게 목마를 태운 것은 아들에게 먼저 왕위를 물려 주라는 뜻이고, 아들에게 비둘기를 직접 날려 보내게 한 것은 아들이 왕이 되어 무역이 활발한 도시로 만들게 하라는 뜻이었다.

 "역시 지혜로운 랍비이군! 하하하."

 황제는 껄껄껄 웃으며 그 랍비에게 마음속으로 감사의 인사를 했다.

 그리고 얼마 후, 황제는 우연히 여러 신하들이 반역을 꾀하기 위해 모의중이라는 것을 알게 되었다.

 '이런 큰일이군. 어떻게 하면 좋지. 가만히 앉아서 당할 수는 없지'

 황제는 이리저리 궁리하기 시작했다. 그러나 좋은 방법이

떠오르지 않았다.

'또 랍비에게 물어 보아야겠군'

황제는 이렇게 생각하고 신하를 불렀다. 그리고 랍비에게 가서 좋은 방법을 알아 오라고 시켰다. 신하는 급히 가서 황제의 급한 사정을 이야기하고 해결 방법에 대해 자문을 구하였다. 그러나 이번에도 랍비는 아무 말도 하지 않았다. 아직도 두 나라의 사이가 좋지 않았다. 신하는 하는 수 없이 아무 해결책도 얻지 못한 채 궁궐로 돌아 왔다.

"폐하, 송구합니다. 이번에도 아무 대답을 얻지 못했습니다."

"그래, 참 답답하구나! 랍비께서 아무 말도 없었다고."

"네, 폐하."

신하는 작은 목소리로 겨우 대답을 하였다.

"하지만 폐하, 랍비께서 아무 말씀도 없으셨지만 이상한 행동을 하였습니다."

"그래, 어떤 행동이었느냐?"

"랍비는 밖으로 나가더니 채소 한 포기를 뽑으시고 집으로 돌아 와 쉬셨습니다. 잠시 뒤 또 나가더니 채소 한 포기를 뽑는 거예요. 그리고 또 집으로 돌아 오셨습니다. 얼마 후 또 밖으로 나가 채소 한 포기를 뽑고 들어오셨습니다. 이것이 전부입니다."

신하는 본 것을 그대로 황제에게 말하였다. 신하는 아무리 생각해 보아도 그 뜻을 알 수가 없었다. 그러나 황제는 달랐다. 신하의 이야기를 다 듣고 난 후 황제는 랍비의 행동이 무슨 뜻인지를 알았다.

랍비가 행동으로 보여 준 것은 반역을 꾀하는 신하들을 한꺼번에 없애서는 안 된다는 것을 말해 주는 것이었다. 나쁜 신하들을 한 번에 없애 버리다가는 오히려 일을 그르칠 수 있으니, 나쁜 신하들을 채소 한 포기씩 뽑아 버리듯 하나씩 없애라는 방법을 은밀하게 알려 준 것이었다. 참 지혜로운 랍비였다.

❖ 뜻과 행동을 같이 하여 어울리면 천리를 떨어져 있어도 서로 어울릴 것이지만, 뜻과 행동이 같지 아니하면 대문을 마주하는 사이라도 통하지 않는다.
― 회남자

긍정적인 태도가 가져온 희망

어떤 나그네가 여행을 하고 있었다. 아주 오랫동안 여행을 하여 그에게 남은 것은 개 한 마리, 나귀 한 마리, 조그마한 등잔뿐이었다.

"이제는 그만 집으로 돌아가야겠군."

나그네는 혼자 중얼거리며 걸어가고 있었다.

날이 어두워가고 있었다.

"오늘 밤은 당장 어디서 보내지?"

지금 급한 것은 오늘 밤을 지낼 곳을 찾는 일이었다. 그러나 아무리 주위를 찾아보아도 사람들이 사는 마을은 보이지 않았다. 그런데 날은 점점 더 어두워졌다.

"조금 더 가 보자."

나그네는 지친 다리로 더 걸어갔다.

얼마나 더 갔을까? 이제는 더 이상 못 걷겠다고 생각하는 순간 바로 앞에 쓰러져 가는 집이 있었다.

"아! 다행이다. 역시 하느님은 나를 지켜 주신다니까."

나그네는 너무 기뻐서 그 집까지 단숨에 뛰어갔다.

"아무도 안 계세요?"

그 집은 아무도 없는 빈 집이었다.

"주인에게 먹을 것을 얻으면 좋을 텐데. 아무도 없으니 잠이라도 자야겠다."

나그네는 누워서 잘 준비를 하였다. 그러나 잠을 자기에는 아직 이른 시간이었다.

'몸은 아주 피곤한데 잠이 오질 않네. 책을 읽다가 잘까?'

등잔에 불을 켜고 나그네는 책을 읽기 시작했다. 바로 그때였다. 어디선가 바람이 불어오더니 등불이 꺼져 버렸다.

"저런, 책을 좀 보려고 했더니 불이 꺼지다니. 다시 불을 붙이기 귀찮은데 그냥 잠이나 자야겠군."

나그네는 너무 피곤하여 세상모르고 곧 잠이 들었다. 다음 날 아침이 되었다.

"아휴 잘 잤다. 오랜만에 편안하게 푹 자고 났더니 몸이 한결 가벼운 걸. 빨리 집으로 돌아가야겠다."

다시 짐을 챙긴 나그네는 나귀와 개를 묶어 두었던 곳으로 가 보았다. 그런데 이것이 어찌 된 일일까? 묶어 두었던 나귀와 개가 죽어 있었다. 어젯밤 나그네가 피곤하여 깊은 잠에 빠

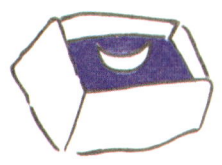

져 있을 때 늑대와 사자가 다녀간 것이다. 늑대와 사자는 개와 나귀를 물어 죽였다. 나그네는 이제 빈털터리가 되었다. 가진 것이라고는 개와 나귀가 전부였는데, 둘 다 죽어버렸으니 이제 나그네에게 남은 것은 아무것도 없었다.

"하느님, 당신은 정말 너무하시는군요. 제게 남은 것은 개와 나귀뿐인데 그것마저 가져가시다니, 정말 너무하십니다."

나그네는 원망을 하며 그 집을 나왔다. 투덜투덜 걸어가던 나그네는 어떤 마을 입구에 도착하였다.

'이 마을에 들어가서 아침이나 먹고 가야겠다'

나그네는 밥이라도 얻어먹고 가야겠다는 생각으로 마을로 들어왔다. 그런데 어찌 된 일일까? 사람들과 가축들이 모두 죽어 있는 것이 아닌가? 이 끔찍한 장면을 본 나그네는 너무 겁이 나서 벌벌 떨며 숨도 제대로 쉬지 못하였다. 바로 그때였다.

"이보게, 젊은이! 나 좀 꺼내 주게."

어디선가 젊은이를 부르는 소리가 들렸다. 그 주위를 둘러

보니 한 노인이 바로 뒤쪽 무너진 장작더미에 깔려 신음하고 있었다. 나그네는 얼른 달려가 노인을 꺼내 주었다.

"영감님, 도대체 무슨 일입니까?"

"어젯밤에 도둑의 습격을 받았다네. 도둑들은 이 마을 저 마을 할 것 없이 닥치는 대로 사람들이며 가축들을 죽이고 재물을 빼앗아 달아났다네. 이 일을 어찌하면 좋겠는가?"

혼자 남은 노인은 매우 걱정을 하며 한숨을 쉬었다. 이야기를 들은 나그네는 그 자리에서 엎드려 하느님께 감사의 기도를 드렸다. 만일 어젯밤에 바람이 불어와 등불을 꺼 버리지 않았다면 어떻게 되었을까? 등불이 꺼지지 않았다면 그 불빛 때문에 나그네도 도둑들에게 발각되었겠지.

그러면 아마도 지금 이렇게 살아 있지는 못했을 것이다. 또 개가 살아 있었다면 어떻게 되었을까? 개 짖는 소리를 듣고 나그네를 쉽게 찾을 수 있었을 것이다. 또한 나귀도 살아 있었다면 나귀도 소란을 피워 나그네의 목숨이 위태로웠을 것이다.

나그네는 자신의 모든 것을 잃게 되었다고 하느님을 원망했었다. 그러나 그 모든 것을 잃어 버렸기 때문에 가장 귀한 목숨을 구할 수 있었다. 이런 일이 있었던 후로 나그네는 생활이 많이 변했다. 어떤 어려움이 닥쳐도 불평하지 않고 긍정적으로 살아가게 되었다.

행복은 마음속에

어느 한 마을에 가난한 농부가 랍비를 찾아와 하소연을 하기 시작하였다.

"랍비님, 제발 저 좀 살려 주십시오."

"왜 그러느냐?"

"저희 집은 아주 좁은데 아이들은 많고, 아내는 어찌나 잔소리를 하는지 하루 종일 시달려서 못 살겠습니다."

랍비는 잠시 생각한 뒤 농부에게 말했다.

"너는 집에서 산양을 기르느냐?"

"예, 그렇습니다. 농부라면 모두 산양을 기르지요."

농부는 이상하다는 듯이 대답을 하였다.

"그러면 산양을 울타리 밖에서 말고 집 안에서 길러 보거라."

농부는 집으로 돌아와 랍비가 시키는 대로 산양을 집 안으로 데리고 와서 길렀다.

다음날 농부가 울상이 되어 랍비에게 다시 찾아왔다.

"랍비님, 랍비님이 시키는 대로 했는데 더 이상 참을 수 없게 되었어요. 빽빽 우는 아이들, 잔소리꾼 마누라에 음매 산양까지 기르자니, 더 정신이 없어요."

"그러면 집에 닭이 있느냐?"

"예, 랍비님. 닭이 열 마리 정도 있습니다."

"그러면 잘 되었네. 그 닭들을 집 안에 들여 키우게. 그렇게 하면 문제가 해결될 것이네."

랍비의 말에 농부는 고개를 갸우뚱거리면서도 그대로 해보기로 하였다.

다음 날이었다. 농부가 더욱 찌푸린 얼굴로 다시 랍비에게 찾아 왔다.

"랍비님, 저는 더 이상 못 살겠습니다. 마누라는 하는 일마다 잔소리를 하고, 아이들은 울고불고 시끄럽고, 산양은 아무거나 다 먹어치우고, 닭들은 아무 곳에나 똥을 싸 놓아 온 집 안을 지저분하게 만들어 놓았습니다."

농부는 말을 하면서 너무 속이 상해 눈물을 뚝뚝 흘렸다.

"그러면 마지막으로 좋은 방법이 있으니 이

방법대로 한 번 해보게나."

"그게 무엇인지 가르쳐 주십시오."

"이번에는 집 안에서 키우던 산양과 열 마리의 닭들을 다시 밖에서 기르도록 하여라."

랍비가 일러 주었다. 이튿날 아침이 되었다. 농부가 다시 랍비를 찾아 왔는데 농부의 얼굴은 아주 좋아 보였다. 볼은 불그스레하고 눈은 반짝였다.

"랍비님, 정말 고맙습니다. 집 안에서 산양과 닭들을 집 밖으로 보내었더니 집안이 조용하고 편안해졌습니다. 아이들 울음 소리는 노래 소리같이 들리고 마누라의 잔소리는 시처럼 들립니다."

농부는 너무 기뻐서 날아갈 듯한 목소리로 말을 하였다.

❖ 행복에서 불행으로 변하는 데는 아주 짧은 순간만 필요하지만, 불행으로부터 행복으로 바뀌기 위해서는 영원한 시간이 필요하다.

– 유대 격언

지혜, 행복이라는 보물창고를 여는 열쇠입니다

장님과 절름발이

옛날에 한 임금님이 살고 있었다. 이 임금님에게는 향기가 좋고 달콤한 열매가 열리는 나무 한 그루가 있었다. 임금님은 맛좋은 과일이 열리는 이 나무를 소중히 여겼다.

"이 소중한 과일을 누가 가지고 가면 어떡하지?"

임금님은 항상 걱정이 되었다.

'도저히 안 되겠다. 사람을 시켜서 이 나무를 지키도록 해야겠다.'

임금님은 이 나무를 지킬 만한 사람을 뽑기로 하였다.

'어떤 사람에게 이 나무를 지키게 하지?'

임금님은 열심히 궁리를 하였다.

"팔 다리가 멀쩡한 사람은 뽑을 수 없어. 나쁜 마음을 먹고, 열매를 훔칠 수 있을 테니까."

임금님은 고민 하던 끝에 눈이 먼 장님과 다리를 저는 절름발이를 뽑아서 나무를 지키게 하였다. 장님은 눈이 멀어서 앞을 못 볼 테니 나무의 열매가 얼마나 열렸을지 모를 것이고, 절름발이는 다리가 불편하니 나무 위에 올라갈 수 없을 것으로 생각을 하였다.

그러던 어느 날, 절름발이는 장님에게 귓속말로 소곤소곤 말하였다.

"자네는 이 과일이 얼마나 맛있는 과일인지 아나?"

절름발이가 하는 말에 장님은 귀가 솔깃했다.

"내가 직접 먹어 보지는 않았지만, 맛이 아주 좋다고 들었네."

장님은 대답을 하였다.

"우리 한 번 먹어 보는 것이 어떨까? 나를 너의 어깨에 무동을 태우면 열매에 손이 닿을 것 같아."

절름발이가 장님을 꾀자 장님은 절름발이를 무동 태웠다.

"오른쪽으로 두 걸음만 옮겨 걸어 봐."

절름발이가 말을 하자 장님은 오른쪽으로 두 걸음을 옮겨 걸었다. 절름발이는 손을 뻗어서 맛있는 열매를 잔뜩 땄다. 그리고 둘이서 맛있게 먹었다.

"배가 너무 불러서 잠이 오는 걸."

"나도 배가 부르고 졸려."

장님과 절름발이는 실컷 먹고 나무 밑에서 쿨쿨 잠이 들었다. 이때 마침 임금님이 나무 근처를 지나가다가 이 장면을 보게 되었다.

"이봐라! 어찌 된 일이냐? 어제보다 열매가 많이 줄어 든 것 같다."

임금님은 매우 화가 나서 두 사람을 질책했다.

"어서 사실대로 말하여 보아라."

임금님은 수상한 듯 두 사람을 바라보았다.

"임금님, 앞도 못 보는 제가 무슨 방법으로 열매를 따 먹겠습니까? 저는 정말 억울합니다."

장님은 억울한 표정을 지었다.

"생각해 보니 너의 말이 맞기도 하구나. 그러면 너의 짓이 맞느냐?"

임금님은 이번에는 절름발이에게 물었다.

"절름발이인 제가 어떻게 저렇게 높은 나뭇가지 위를 기어오를 수 있겠습니까?"

절름발이도 억울하다고 말하였다.

"아, 그렇긴 하지만 아무래도 믿을 수가 없구나."

임금님은 못 미더워 하는 표정으로 고개를 갸웃거렸다.

방문

어떤 마을에 외롭게 살아가는 노인이 있었다. 그런데 얼마 전 병까지 얻어 앓아눕고 말았다. 이 소식을 들은 랍비가 제자들을 불러 들였다.

"오늘은 공부보다도 더욱 중요한 일들을 해야겠다."

랍비는 제자들을 데리고 아픈 노인을 찾아갔다.

"바쁘신 선생님께서 어찌 된 일로 저같이 보잘것없는 늙은이를 찾아 주셨습니까? 너무 황송합니다. 그런데 어쩌죠? 저는 아무것도 선생님들께 대접할 것이 없습니다."

노인은 보잘것없는 자기 자신을 찾아 준 랍비와 제자들이 너무 고마웠다. 사실 노인은 혼자 외롭게 사는 생활에 지쳐 있어서 사람이 몹시 그리웠다. 랍비와 제자들이 돌아간 후 노인은 조금씩 몸이 회복되었다.

"선생님, 선생님께서 다녀가신 후 그 노인의 병이 나았습니다. 선생님은 역시 훌륭하십니다."

제자들이 랍비를 치켜세우자 랍비가 다음과 같이 말을 하였다.

"환자들에게 병문안을 가면 그 환자의 상태가 60분의 1쯤 좋아지지. 그러나 한꺼번에 60명이 병문안을 간다고 해서 그 환자의 병이 완전히 낫는 것은 아니라네. 중요한 것은 계속해서 관심을 가지고 병문안을 가는 것이 환자에게 가장 좋은 것이라네."

랍비가 계속 말을 하였다.

"그러나 환자를 찾아 가는 것보다 더 좋은 일이 있네. 그것은 바로 죽은 사람의 묘지를 찾아 가는 일이지. 병문안은 환자가 회복이 되면 인사를 받을 수가 있지만 죽은 사람은 아무 인사도 할 수가 없거든."

제자들은 랍비의 가르침대로 살기 위해 노력했다.

수많은 신, 수많은 믿음, 수많은 길들이 있지만, 이 슬픈 세상에서 가장 필요로 하는 것은 바로 친절을 베푸는 기술이다.

- 허버

나무의 열매가 열리기까지

어느 날씨가 화창한 날, 한 나그네가 길을 걸어가고 있었다. 마침 어느 집 앞을 지나가는데 한 할아버지가 마당에서 나무를 심고 있었다. 나그네는 그 모습을 보고 잠시 걸음을 멈추고 할아버지께 물었다.

"할아버지께서는 이 나무가 언제쯤 열매가 열릴 것이라고 생각하십니까?"

"음, 아마도 70년은 걸리지 않겠소?"

나그네는 놀라서 할아버지께 또 물었다.

"그러면 할아버지께서는 자신이 그렇게 오래 사실 것이라고 생각하십니까?"

"아니오. 그때는 이미 죽어서 이 세상에 없겠지."

"아니, 그걸 아시면서 왜 이렇게 힘들게 나무를 심으십니까? 할아버지께서는 어차피 이 나무의 열매를 맛도 못 보실 텐데요."

그러자 할아버지께서는 껄껄 웃으며 대답하셨다.

"내가 어렸을 때 과수원에 과일 나무에 열매가 주렁주렁 열려 있었는데 그것은 내가 태어나기 전에 할아버지의 할아버지가 나를 위하여 어린 나무를 심어 놓았기 때문이오. 나도 내 손자를 위하여 정성껏 나무를 심는 것이라오."

할아버지의 말씀을 듣고 나그네는 큰 감동을 받았다.

'내가 어리석었구나. 중요한 것을 몰랐던 거야'

나그네는 이제야 깨달았다.

지금 자기 자신이 따 먹는 열매의 나무들이 아주 오래 전에 누군가가 후손들을 위해 심어 놓은 것이라는 사실을 말이다.

❖ 소 발자국에 고인 물에서 헤엄치는 장구벌레는 세상에 넓은 바다가 있다는 것을 꿈에도 생각하지 못할 것이다. 과일의 씨 속에 사는 바늘끝같이 작은 벌레는 그곳이 세계의 전부라고 생각할 것이다. 그들에게 막막한 바다를 설명해 주고, 우주의 넓이를 설명해 주어도 거짓말이라며 믿으려 하지 않을 것이다.

― 포박자

잃어버린 반지의 고통

어느 랍비가 로마를 방문했을 때의 일이다. 높다란 벽 앞에 사람들이 잔뜩 모여서 웅성거리고 있었다. 이 랍비도 궁금하여 그곳에 가까이 가 보았다.

그 벽에는 포고문이 붙어 있었다.

'왕비님께서 굉장히 값비싼 반지를 잃어 버리셨다. 앞으로 한 달 안에 그 반지를 찾아오는 자에게는 큰 상을 내릴 것이다. 그러나 반지를 줍고도 한 달 안에 가져오지 않는 자는 사형에 처하노라'

이것을 보고 사람들은 한 마디씩 하였다.

"반지를 찾으면 큰 상을 준다고? 나도 반지를 찾으러 가볼까?"

"그러다 한 달이 지난 후에 발견하기라도 하면 어쩌려고, 그러면 바로 사형이야."

"정말 그렇겠군. 괜히 골치 아픈 일에 끼지 말고 빠지자고."

포고문을 읽은 랍비는 계속 길을 걸어갔다. 한참을 걸어가고 있는데 무언가 반짝반짝 빛나는 것이 눈에 띄었다. 가까이 가보니 그것은 왕비님이 찾고 있던 그 반지였다. 랍비는 반지를 주워서 주머니에 넣고는 아무 일 없다는 듯이 집으로 돌아왔다. 그런데 이상하게도 랍비는 그 반지를 왕비에게 가져다 주지 않았다. 만약 가져다 주었다면 어마어마한 상금을 받았을 것이다.

랍비는 한 달이 지날 때까지 기다린 후, 그 다음 날 궁궐로 갔다. 왕비는 반지를 찾아서 매우 기뻤지만 약속은 약속이므로 랍비를 사형에 처할 생각이었다.

왕비는 랍비에게 물었다.

"당신은 한 달 후에 반지를 가져 오면 어찌 된다는 것을 몰랐나요? 왜 이제야 반지를 가져 왔지요?"

랍비는 당연하다는 듯이 말하였다.

"당연히 알고 있습니다."

"정말 이상하군요. 하루만 일찍 가져 왔으면 당신은 큰 상을 받을 수 있었을 텐데, 당신은 목숨이 아깝지 않습니까?"

그러자 랍비가 말을 하였다.

"일부러 그랬습니다. 내가 이 반지를 오늘 가져 온 것은 내가 결코 당신을 두려워하지 않는다는 것을 사람들에게 가르치기 위해서입니다."

이 말을 들은 왕비는 머리를 숙여 랍비에게 절을 하였다.

"당신은 정말 훌륭한 사람입니다. 반지 하나 때문에 온 나라 사람들을 괴롭힌 제가 어리석었습니다."

왕비는 랍비에게 진심으로 사과를 하였다.

❖ 고통은 인간을 생각하게 만들고, 생각은 인간을 지혜롭게 만든다. 또한 지혜는 인생을 견딜 만한 것으로 만든다.

- 패트릭

죽음 앞에서 흘리는 눈물의 이유

옛날에 훌륭한 랍비 한 사람이 있었다. 그 랍비는 매우 자상하며 지혜롭고 신앙심이 깊었으며, 제자들을 비롯한 모든 사람들이 그를 매우 존경하였다. 그 랍비는 개미 한 마리도 밟아 죽이지 않을 만큼 생명을 소중히 여겼다. 랍비는 80살이 넘자 병에 걸려 몸이 점점 쇠약해져 자신이 죽을 때가 가까워 온 것을 깨닫게 되었다. 그러던 어느 날 병석에 누워 있는 랍비에게 수제자가 찾아오자 랍비는 울기 시작했다. 그 수제자는 랍비의 우는 모습을 처음 보고 깜짝 놀랐다.

"선생님, 많이 아프세요? 왜 우십니까?"

"아니네. 내가 한 평생 살아 온 것이 잘못 살아 온 것이 아닐까 하는 생각이 들어서 그런다네."

"왜 그런 말씀을 하세요. 선생님처럼 훌륭하신 분이. 선생님께서는 매일 공부하시고 저희를 가르치셨습니다. 그리고 하루도 빠짐없이 불쌍한 사람들을 도와 주셨죠. 선생님께서는 이

나라에서 가장 존경 받는 분이지 않습니까? 정치와 같은 더러운 세계와 한 번도 손을 잡지 않으셨구요. 그런데 왜 우십니까?"

그러자 랍비가 대답했다.

"그래서 지금 내가 울고 있는 거라네. 죽는 순간에 누가 나에게 '그대는 공부했는가? 그대는 하느님께 기도했는가? 그대는 올바른 행동을 했는가?' 하고 묻는다면 나는 모두 '그렇다'고 자신있게 대답할 수 있다네. 그러나 '그대는 사회 생활에 충실히 참여했는가?'라고 묻는다면 '아니오'라고 밖에 대답할 수밖에 없다네. 그것 때문에 나는 울고 있는 걸세."

❖ 가장 훌륭한 사람도 발을 헛디디며, 가장 조심스러운 사람도 넘어진다. 한 번도 잘못을 범한 일이 없는 사람은 인간 이상의 존재이다.

- 펌프레트

선과 악의 만남

하느님이 최초의 사람을 만드신 이래 세상에는 많은 사람들이 살게 되었다.

그들은 농사를 짓거나 짐승을 기르면서 모두들 열심히 살아가고 있었다. 그들은 남을 미워할 줄도 시기할 줄도 모르는 착한 마음을 가진 사람들이었다. 이렇게 평화롭게 살던 사람들의 마음에 어느 때부터인가 악한 마음이 생기게 되어 남을 헐뜯고 다투고 욕심을 부리는 사람들로 변해갔다. 하늘나라에서 이것을 지켜본 하느님은 고민에 빠지게 되었다.

"아, 왜 사람들이 저렇게 변해가는 것일까? 이대로 두었다가는 큰일나겠구나."

마침내 하느님은 큰 결심을 하게 되었다. 세상을 물로 깨끗이 씻어 버리기로 한 것이다.

"그런 다음에 다시 새로운 세상을 만들어야지."

그러나 인간 세상에서 가장 착하고 의로운 노아와 그의 가족만 남겨 두기로 하였다. 이렇게 결심을 굳힌 날 하느님은 노아를 불러 말했다.

"노아야, 이제부터 많은 비가 내려서 이 세상을 모조리 쓸어버릴 것이다. 너는 빨리 나무를 베어 커다란 배를 한 척만 만들어라. 장마는 오랫동안 계속될 것이다. 그러니 그 배에는 먹을 것과 이 땅 위에 사는 짐승들을 모두 한 쌍씩 태우도록 해라."

"네, 알겠습니다."

집으로 돌아온 노아는 곧장 나무를 베어 가지고 열심히 배를 만들었다.

세상 사람들은 노아가 배를 만드는 것을 보고 도와 주기는 커녕 모두들 비웃었다.

그러나 노아는 조금도 화를 내지 않고 묵묵히 배를 만들었다. 그렇게 한 달 이상이 되자 드디어 노아의 배가 만들어졌다. 이것이 바로 '노아의 방주'이다. 그 날부터 노아는 모든 짐승들을 한 쌍씩 배에 태우기로 하였다.

이제 배가 거의 다 차게 되었을 때 선(善)도 배에 태워달라고 찾아왔다.

"안 됐지만 너는 같이 탈 짝이 없어서 태워 줄 수가 없구나. 이 배에는 꼭 한 쌍씩만 타게 되어 있거든."

"알겠습니다. 짝을 구해 가지고 오지요."

이렇게 말하고 나서 다시 선은 숲으로 돌아가 짝을 찾다가 저쪽에 홀로 앉아 있는 악(惡)을 만났다. 선은 악이 마음에 들지는 않지만 배를 타기 위해서는 하는 수 없었다. 드디어 선과 악이 함께 노아의 방주에 올라탔다. 이렇게 해서 그후로 선이 있는 곳에 악이 따라다니게 되었다.

❖ 선의 끝은 악이요, 악의 끝은 선이다.

- 라 로시코프

세 친구

한 밤중에 갑자기 누군가가 대문을 마구 두드렸다.

"밖에 누구요?"

깜짝 놀란 주인이 외쳐 물었다.

"누구인지 궁금하면 문을 열어 보면 알 것 아니오."

문 밖에서 말하였다.

하는 수 없이 주인은 대문을 열었다. 그러자 문 밖에는 키가 크고 체격이 좋은 사내가 서 있었다.

"나는 임금님의 명령을 전하러 온 사람이오. 임금님께서는 당신은 데려오라 하셨소!"

깜짝 놀란 주인은 겁이 나서 벌벌 떨면서 물었다.

"아니, 임금님께서 무슨 일로 나를 부르신단 말이오?"

"그건 나도 모르는 일이오. 나는 단지 명령을 전할 뿐이오!"

사나이는 내일 몇 시에 대궐로 오라는 말을 전하고는 가버렸다. 사나이가 가고 나자 주인은 걱정이 태산 같았다. 무슨 일

로 임금님이 오라고 하는지 알 수가 없을 뿐아니라 도저히 혼자서 갈 용기가 나지 않았다. 걱정 때문에 밤새 한 잠도 못 잔 그는 친구에게 같이 가달라고 해야겠다고 생각했다. 그에게는 소중한 세 친구가 있었다. 그 중에서도 그는 첫 번째 친구를 가장 소중하게 생각하고 있으므로 맨 먼저 그를 찾아갔다.

"어서 오게. 그런데 자네가 웬일인가? 가만 있자, 얼굴이 밝지 않은 걸 보니 무슨 일이 있는 모양이군."

"맞네. 사실은 내가 걱정거리가 있어 밤새 고민하다가 이렇게 찾아 왔네."

"무슨 걱정거리인데 그러나?"

그러자 그는 친구의 손을 덥석 잡으며 근심스럽게 말을 하였다.

"임금님께서 나를 대궐로 들어 오라는 분부를 내리셨다네."

"자네, 혹시 무슨 잘못이라도 한 것이 아닌가?"

"글쎄, 이유는 잘 모르겠지만 좋은 일로 나를 부르시는 것 같지가 않아서 자네를 찾아 온 걸세."

"자네의 뜻은 잘 이해하겠네. 그런데 설마 나더러 대신 가 달라는 것은 아니겠지?"

"물론일세. 자네가 나 대신 가달라는 것이 아니라 나 혼자서는 용기가 없어서 못 가겠기에 자네가 같이 가주었으면 해서 이렇게 찾아 온 거라네."

그러자 그 믿었던 친구는 딱 잘라 거절을 하였다.

"나는 오늘 급한 약속이 있어서 갈 수가 없다네. 다른 친구에게 가보는 것이 어떨까?"

사나이는 가장 믿었던 친구에게 그런 말을 듣고 몹시 야속하고 섭섭했지만 어쩔 수 없었다. 하는 수 없이 이번에는 두 번째 친구의 집을 찾아 갔다. 그는 두 번째 친구도 사랑했지만 첫 번째 친구만큼 사랑하지는 않았다. 사나이의 딱한 사정 이야기를 들은 두 번째 친구가 말을 하였다.

"자네 말대로 함께 가주기는 하겠지만 대궐 안으로는 들어 갈 수 없네."

이번에도 사나이는 두 번째 친구에게 실망을 하고 말았다.

77

이제 세 번째 친구를 찾아 나섰다.

'내가 믿었던 그 친구들이 다 가지 않겠다고 하니 이 친구도 분명히 거절할 거야. 그래도 가보자.'
라고 생각을 하며 힘없이 세 번째 친구 집 대문을 두드렸다. 그러자 세 번째 친구는 사나이를 반갑게 맞이해 주었다.

"자네, 정말 오래 간만이군. 자네가 나를 찾아 오다니 뜻밖이군. 정말 잘 왔네. 그런데 자네 얼굴이 몹시 안 좋아 보이는데 대체 무슨 일인가?"

사나이는 세 번째 친구의 친절에 감사하며 눈물을 흘렸다. 사나이는 임금님의 명령을 들은 이야기와 친구들에 대한 이야기를 해주었다. 이야기를 다 듣고 난 세 번째 친구는 다음과 같이 말하는 것이었다.

"여보게, 걱정 말게나. 자네같이 착한 사람에게 무슨 잘못이 있다고 임금님이 벌을 내리시겠나. 내가 함께 가서 만일 잘못된 일이라도 있다면 잘 말씀드려 보겠네. 그리고 잘못이 없는 이상 그렇게 두려워 할 필요는 없네. 자, 이제 진정하고 나하고 가보세. 시간이 늦으면 안 되니까."

사나이는 깜짝 놀라서 물었다.

"자네, 정말로 나하고 임금님 앞에 함께 가주겠다는 말인가?"

그러자 친구는 밝게 웃으며 말했다.

"그렇다니까."

이 세 친구 중에서 한 사람은 거절하고 또 한 사람은 대궐 앞까지만 가주겠다고 하고 세 번째 친구는 임금님 앞까지 가주겠다고 했다. 왜 그랬을까 한 번 생각해 볼 필요가 있다.

첫 번째 친구는 '재산'을 비유한 것이다. 사람들은 살아 있는 동안에 재물을 무엇보다 소중하게 생각하지만 재물이란 살아 있는 동안만 필요하지 죽을 때 가지고 갈 수는 없는 것이다. 두 번째 친구는 '친척'을 비유한 것이다. 아무리 가까운 사람이라도 죽었을 때 장례식에는 참석하지만 무덤 속까지 따라 들어가지는 않는다. 그리고 세 번째 친구, 즉 임금님 앞에 함께 가주겠다고 한 친구는 '선행'을 비유한 것이다. 이처럼 착한 행실은 그 사람이 살아 있는 동안에는 눈에 잘 띠지 않지만 죽은 뒤에도 그와 함께 계속 남아 있는 것이다.

❖ 세상에는 세 가지 종류의 친구가 있다. 곧 당신을 사랑하는 친구, 당신을 잊어버리는 친구, 당신을 미워하는 친구이다.

― 상폴

기막힌 처방

어느 날 유대인이 의사의 처방을 받으러 왔다. 그는 기침이 심하고 호흡하기가 곤란한 천식이라는 병에 걸렸다. 의사는 그에게 처방을 해주었는데, 그것은 다름이 아니라 지독한 설사약이었다. 그러나 천식 환자는 그것을 전혀 모르고 약을 먹었다. 며칠 뒤 환자는 다시 의사를 찾아왔다.

"어떻게 오셨습니까? 천식은 어떠십니까?"

의사가 묻자 그 환자는 퉁명스럽게 말하였다.

"대단히 고맙습니다, 선생님. 그 약을 먹으니까 마음 놓고 기침을 못하겠지 뭡니까? 자칫 기침을 잘못했다가는 설사를 할 지경이니까요. 며칠 그렇게 하다보니 어느 틈에 천식이 나아 버렸지 뭡니까? 그래서 이렇게 인사하러 온 거라오."

술의 위력

어떤 사람이 랍비를 골탕먹이려고 찾아갔다.

"랍비님, 한 가지 여쭈어 볼 것이 있습니다."

"어서 말해 보시오."

"술을 마시면 취하는 이유가 무엇일까요?"

"그것 참 재미있는 질문이군."

그리고는 다음과 같이 설명을 하였다.

"사람의 몸에는 선함과 악함이 도사리고 있는데 왼쪽에 악함이 있고, 오른쪽에 선함이 있다네. 그런데 술이 들어가면 뱃속에 홍수가 나서 오른쪽의 선함과 왼쪽의 악함이 뒤죽박죽 엉망이 되네. 그래서 사람이 취하게 되면 하는 말도 뒤죽박죽, 행동도 엉망이 되어 버리는 것이라네."

랍비의 설명이 끝나자 그가 다시 질문을 하였다.

"선생님, 그렇다면 꼭 술만이 아니라 물이 많이 들어가면 홍수가 나기는 마찬가지일 테니 결국 취할 것이 아니겠습니까?"

이 말을 듣고 랍비는 어이없어 하며 말하였다.

"자네는 늘 그 모양이어서 바보 취급을 당하는 걸세. 자네는 지금까지 물을 마시고 취하는 사람을 본 일이 있는가?"

❖ 술은 우리에게 자유를 주고, 사랑은 자유를 빼앗아 버린다. 술은 우리를 왕자로 만들고, 사랑은 우리를 거지로 만든다.

— W. 위철리

칼을 이길 수 있는 힘, 교육

로마와 이스라엘이 전쟁을 하고 있을 때이다. 로마군과 유대인이 모두 죽음을 각오하고 싸웠기 때문에 싸움은 아주 치열하였다. 그러나 이스라엘의 예루살렘이 로마군에 의해 완전히 포위되고 말았다. 이제 유대인은 꼼짝없이 당하게 생겼다.

그때 예루살렘 성 안에는 벤 자카이라는 랍비가 있었다.

'우리가 이길 수 있는 방법이 뭐 없을까?'

그러나 누가 아무리 보아도 군사적인 승리는 불가능한 일이었다. 한참을 고민하던 랍비는 한 가지 좋은 방법을 생각해 냈다.

'이것은 바로 교육이다! 칼을 이길 수 있는 방법은 교육을 통한 지식이야. 로마인들은 자식들에게 칼을 물려 주겠지만 우리 유대인들은 자식에게 지식을 물려 주어야 한다. 처음에는 힘들지만 결국에는 지식이 칼을 이길 수 있을 거야.'

그 시대에는 전쟁을 하여 이기는 쪽이 진 쪽을 마구 파괴하였다. 그래서 예루살렘의 성도 완전히 쑥대밭이 될 때가 얼마 남지 않았다.

'아이들을 교육시키려면 로마군 사령관을 만나야 한다. 어떻게 성을 빠져 나갈 수 있을까?'

랍비는 고민에 빠졌다. 로마군이 예루살렘 성을 완전히 포위한데다 유대인들도 성을 빠져 나가는 사람이 있을까해서 철저히 감시하고 있었다. 한참을 고민하던 랍비는 한 가지 좋은 꾀를 생각해 냈다. 그는 한 제자를 불렀다.

"부르셨습니까. 선생님?"

"자네는 지금 바로 사람이 많이 다니는 곳으로 가서 내가 아주 몹쓸 병에 걸렸다고 소문을 내 주게."

"선생님, 무슨 말씀입니까?"

아무 이유도 모르는 제자는 이상하다고 생각을 하였다.

"다 이유가 있으니 자네는 빨리 가서 시키는 대로 하게나. 될 수 있으면 빨리 소문이 퍼지도록 해야 하네."

제자는 어쩔 수 없이 선생님이 시키는 대로 이상한 소문을 퍼뜨렸다.

"벤 자카이 선생님이 많이 편찮으시대."

"그래, 언제 돌아가실지 모른대."

소문은 금방 커져서 삽시간에 예루살렘 성 안에 퍼져 나갔다.

"아이고, 선생님이 돌아가셨대."

이제 소문은 랍비 벤 자카이가 죽었다고 퍼져 나갔다. 이 소식을 들은 랍비는 제자에게 관을 준비하도록 시켰다. 그리고 직접 관 속에 들어갔다.

"빨리 이 관을 들고 성 밖의 묘지로 나가거라."

묘지는 성 밖에 있었다. 제자들은 랍비가 하라는 대로 랍비를 죽은 것처럼 들어 있는 관을 들고 성 밖으로 나갔다. 무사히 성 밖으로 나온 일행은 묘지로 가지 않고, 로마 사령관을 찾아갔다.

"랍비님, 어서 오시오."

사령관도 랍비의 명성을 알고 있었기 때문에 쉽게 랍비를 만나 주었다. 그런데 랍비의 말에서 아주 놀라운 이야기가 나왔다.

"안녕하셨습니까? 황제 폐하. 제가 부탁드릴 게 있어서 이렇게 찾아 왔습니다."

랍비는 로마군 사령관을 황제라고 불렀다.

"이게 무슨 소리요. 나를 황제라고 부르다니 말도 안 되는 소리요."

사령관은 놀라서 펄쩍펄쩍 뛰었다.

바로 그때, 로마에서 한 군인이 급하게 달려왔다.

"사령관님, 황제께서 돌아가셨습니다. 그리고 원로원에서 사령관님을 새 황제로 뽑았습니다."

그 소식을 들은 사령관은 더욱 놀랐다.

"랍비님, 어찌 이런 일이 있을 것을 아셨습니까? 정말 대단하십니다. 무슨 부탁이 있으면 말씀만 하십시오. 제가 할 수 있는 일이라면 무엇이든지 들어드리겠습니다."

랍비는 공손하게 부탁을 하였다.

"이제 곧 로마군이 예루살렘을 정복할 것입니다. 제 부탁은 다름이 아니오라 예루살렘을 정복하는 것은 어쩔 수 없는 일이지만 야브네 거리만은 그대로 남겨 주십시오. 들어 주실 수 있으시겠지요?"

사령관은 이해를 하지 못했다. 야브네 거리는 아주 보잘것없는 고장이었다. 더 중요한 고장을 보존하지 않고 그렇게 보잘것없이 작은 고장을 남겨 달라는 것이 좀 이해가 가지 않았다.

"그런 부탁이라면 얼마든지 들어드릴 수 있습니다. 좀 더 큰 부탁을 하셔도 들어드릴 수 있을 텐데요."

그러나 랍비는 고맙다고 하며 더 이상의 큰 부탁은 하지 않았다.

"아닙니다. 이것만으로도 제게는 아주 큰 도움이 됩니다."

그러나 사령관이 미처 알지 못한 것이 있었다. 그것은 야브네 거리에는 많은 대학과 선생님들이 있다는 것이었다.

얼마 후 예루살렘의 성은 로마군에 의해 완전히 정복되었다. 성 안은 아주 엉망이 되었다. 모든 것이 불타고 약탈당하고 말았다. 그러나 사령관이 약속한 대로 야브네 거리만큼은 화를 당하지 않고 무사할 수 있었다. 덕분에 많은 학자들과 대학과 수많은 책들이 보존될 수 있었다.

랍비는 그 거리에서 많은 아이들을 가르쳤고 나중에 랍비의 생각대로 유대인들은 로마를 이길 수 있었다. 이것은 로마 사람들은 자식들에게 칼을 물려 주었지만 유대인들은 자식들에게 지식을 물려 주었기 때문에 가능한 일이었다.

❖ 교육이란 알지 못하는 것을 알도록 가르치는 것을 의미하는 것이 아니라, 교육은 사람들이 행동하지 않을 때 행동하도록 가르치는 것을 의미한다.

– 마크 트웨인

죽음의 축복

화물을 가득 실은 두 척의 배가 항구에 떠 있었다. 한 척은 출항 준비를 하고 있으며, 한 척은 막 입항한 것이다. 사람들은 대부분 배가 출항을 할 때는 성대한 전송을 하는데 반하여 입항할 때는 별로 환영하지 않는다. 탈무드에 의하면 이것은 대단히 잘못된 습관이다. 떠나가는 배의 미래는 알 수 없다. 폭풍을 만나 배가 침몰할 지도 모른다. 그것을 왜 성대하게 전송하는 것일까. 긴 항해를 끝내고 배가 무사히 돌아왔을 때 야말로 환희에 찬 커다란 기쁨인 것이다. 그것은 한 가지 임무를 완수했기 때문이다.

인생에 대해서도 마찬가지로 말할 수 있다. 아이가 태어났을 때에는 모두가 축복한다. 이것은 아이가 마치 인생이라는 바다에 돛을 단 것과 같은 것으로 그 미래에는 무엇이 있을지 모른다. 병으로 죽을지도 모를 것이며 그 아이가 무서운 살인범이 될지도 모른다. 그러나 사람이 영원한 잠에 들어갔을 때,

그가 인생에서 무엇을 해 왔는가를 모든 사람이 알고 있으므로 이때야말로 사람들은 축복을 해야 하는 것이다.

고난 속에서 피어난 웃음

유대인의 말에 '고난은 웃음을 낳는다'는 말이 있다. 유대인들은 힘들고 고통스러울 때 울기보다는 오히려 웃는다. 어렵게 모은 재산을 다 잃고 오래도록 살던 집을 빼앗기고 쫓겨날 때도 유대인들은 웃음으로써 결코 좌절하지 않는 강인한 정신을 지킬 수 있었다.

유대인의 웃음 속에는 단순히 웃긴다는 것을 넘어서 유대인들이 살아오면서 겪은 고통과 어려움이 담겨 있다. 그러므로 유대인들의 생활을 모른다면 유대인들의 웃음을 이해하기 어려울 것이다.

다음 이야기를 한 번 읽어 보자.

독일에서 살던 한 유대인 가족이 그 나라에서 쫓겨 국경에 도착을 하여 국경을 지키던 어느 독일인 관리를 만났다. 다행히 그 관리인은 독일에서 쫓겨나는 유대인 가족을 동정은 했지만 어떻게 도와 줄 수 있는 방법이 없었다. 유대인 가족의 가장인 아버지가 물었다.

"이제 우리 가족은 어디로 가야 하나요?"

그러자 그 관리인은 옆에 있던 지구의를 돌리며 그들이 갈 만한 곳을 찾기 시작했다.

"이 나라는 이민을 제한하고 있어서 안 되고, 저 나라는 너무 불경기이기 때문에 외국인 노동자들이 들어오는 것을 금지하고 있어요. 그리고 이곳은 사막이라 살기가 힘듭니다."

이렇게 한 나라씩 짚어 가던 관리인은 지구의를 모두 돌려 보았지만 이 유대인 가족이 들어갈 만한 나라는 찾지 못하였다. 그것을 한참 지켜보던 유대인 가족 중 제일 어린 아이가 물었다.

"이 세상에 또 다른 지구는 없나요?"

이 이야기에는 그냥 웃고 넘어가기에는 너무나 가슴 아픈 유대인들의 역사가 담겨져 있다.

히틀러가 600만 명이나 되는 유대인을 죽이기 전에 유대인의 재산을 모두 빼앗은 다음 독일과 오스트리아에서 쫓아냈다.

그때 유대인들은 살던 곳에서 쫓겨난 고통뿐아니라 유대인을 받아들이는 나라가 매우 적다는 어려움에 부딪혀야 했다.

이 이야기는 그와 같은 어려움을 웃음으로 나타낸 것이다. 유대인들이 모이면 서로에게 새 우스운 이야기를 들려 주며 함께 웃는다. 그들의 생활이 즐겁기만 한 곳은 아닌데도 말이다.

이와 같이 어려울 때 웃을 수 있다는 것은 유대인의 강한 정신을 잘 나타내 주는 것이다.

❖ 나는 호두 껍데기에 가득할 정도의 웃음과 핸드백 가득히 금을 가지고 당신에게 갈 것이다. 내 웃음이 작다고 나무라지 마라. 그 웃음 속에는 다이너마이트보다 더 강한 에너지가 숨어 있다.

– 작자 미상

표정은 최고의 밀고자

고대 이스라엘 시대에 있었던 일이다. 어느 군사령관에게 전령이 달려와 적에게 중요한 요새를 빼앗겼다는 사실을 보고했다. 사령관은 매우 당황하는 기색이 역력했다. 그런데 아내가 사령관을 그의 방으로 데리고 가서 말하였다.

"저는 당신보다 더욱 나쁜 일을 당했습니다."

"무슨 일이오?"

"저는 당신의 표정에서 당신이 낭패한 것을 읽었습니다. 요새는 잃어도 다시 찾을 수 있습니다. 그러나 용기를 잃는 일은 당신의 군대를 전부 잃는 것보다 더 나쁜 일입니다."

사랑

함께 웃을 수 있는 마법입니다.

사랑은 오직 하나

잉꼬 부부로 소문난 유대인 부부가 있었다. 이들 부부는 서로 의지하고 믿으며 사이좋게 지냈다.

그러나 이들 부부에게도 걱정거리가 있었다.

"아기만 있으면 걱정이 없을 텐데……."

마을 사람들은 아기가 없는 이들 부부를 걱정하고, 안타까워했다.

유대인의 전통에는 결혼을 한 지 십 년이 지나도 아기가 없으면 아내를 내보내도 된다고 되어 있었다.

어느덧 세월은 흘러 십 년이 지났다.

"어쩌나? 다른 여자를 아내로 맞이하여 아기를 낳아야 하지 않겠소?"

아기가 없어서 걱정하는 사람들이 늘기 시작했다.

드디어 남편의 가족들도 이들 부부에게 헤어지라고 말하였다.

부부는 고민하던 끝에 지혜롭다고 소문이 난 랍비를 수소문해서 찾아 갔다.

"이야기를 들으니 안타까운 일이구나!"

랍비는 이 안타까운 부부를 헤어지는 일이 없도록 도와 주기로 결심했다. 그리고는 이들 부부에게 한 가지 지혜를 알려 주었다.

돌아온 남편은 자기 집 식구들과 마을 사람들을 불러놓고 말했다.

"우리 부부는 이제 헤어지기로 했어요. 그 대신 마지막으로 불쌍한 아내를 위하여 잔치를 열고 싶습니다."

남편은 눈물을 글썽거렸다.

부부의 사랑을 잘 알고 있는 사람들은 마지막으로 잔치를 열고 싶다는 남편의 마음을 이해하고 그것을 허락하였다.

마침내 잔칫날이 돌아왔다.

"아내와 헤어지기로 하였지만, 아내가 밉거나 싫어서가 아닙니다. 오직 우리에게 하느님께서 아기를 주지 않으셨기 때문입니다."

남편은 잠깐 쉬었다가 말을 이었다.

"저는 사랑했던 아내에게 선물을 하고 싶습니다. 아내가 정말로 원하는 것이라면 어느 것이든 해주고 싶습니다."

남편의 말을 들은 사람들은 모두 한숨을 쉬며 안타까워하고 그저 바라만 볼 뿐 아무 말도 못 하였다.

  잔치가 끝날 때가 되자 남편은 다시 말을 하기 시작했다.

  "내가 가지고 있는 것 중에서 한 가지만 고르시오. 집을 달라고 하면 집을 주고, 돈을 달라고 하면 돈을 주겠소."

  사람들은 아내가 무엇을 달라고 할지 궁금하여 아내가 대답하기만을 기다렸다. 드디어 아내가 입을 열었다.

  "저는 돈, 집 등 재산 따윈 관심이 없습니다. 제가 오직 원하고 바라는 것은 당신뿐입니다."

  아내는 또박또박 분명한 목소리로 대답하였다.

  "이리저리 생각하고, 아무리 궁리해 보았지만 제게 필요한 것은 오직 한 사람 남편뿐입니다."

  듣고 있던 사람들은 아내의 말에 감명을 받아 한꺼번에 기쁨의 소리를 지르며 손뼉을 쳤다. 아내의 대답은 모여 있는 모든 사람들을 감동시켰다.

  "이들 두 사람이 그토록 사

사랑 함께 웃을 수 있는 마법입니다

랑하니, 더 이상 헤어지라는 말을 못하겠구나."

남편의 가족들은 이들 부부가 함께 살도록 허락하였다.

이런 일이 있은 얼마 뒤 이들 부부에게는 더욱 기쁜 일이 생겼다.

그렇게도 원하고 낳고 싶었던 아기를 낳은 것이다.

❖ 참다운 행복, 그것은 우리들이 어떻게 끝을 맺느냐 하는 것이 아니라 어떻게 시작하느냐 하는 문제입니다. 또 우리들이 무엇을 소유하느냐가 아니라 무엇을 바라느냐의 문제입니다.

― 로버트 루이스 스티븐슨

벌거숭이 임금님

매우 상냥하고 친절한 부자가 살고 있었다.

그는 하인이었던 노예를 기쁘게 해주려고 배에 많은 물건을 실어 배와 함께 통째로 그에게 주었다. 그리고 어디든지 좋은 데로 가서 행복하게 살라며 해방시켜 주었다.

배는 바다 한 가운데로 나갔다. 그런데 마침 폭풍우가 불어닥쳐, 좌초되어 침몰되고 말았다. 짐은 모두 없어지고, 노예는 알몸으로 헤엄쳐 겨우 가까운 섬에 닿았다. 그는 모든 것을 잃고 슬픔에 잠겨 있었다. 그런데 섬 안을 걷다가 섬 안에 큰 도시가 있음을 발견했다. 그는 옷조차 걸치고 있지 않았다. 그러나 그가 도시에 들어가자, 도시 사람들이 반갑게 그를 맞아들이고 "임금님 만세!"라고 외치며 그를 왕으로 추대를 하였다.

그는 호화스러운 궁전에서 살게 되어 자기가 꿈을 꾸고 있는 것이 아닌가 생각했다. 아무리 생각해도 믿을 수가 없어서 어떤 사람에게 물어보았다.

"나는 돈 한 푼 없는 빈털터리인데 임금이 되다니, 도대체 어찌 된 일인가?"

"우리들은 살아 있는 인간이 이 섬에 와서 우리들의 왕이 되어 주기를 바라고 있었습니다. 그러나 조심하십시오. 1년이 지나게 되면 당신은 여기서 쫓겨나, 살아 있는 것이라고는 아무것도 없는 외로운 섬에 버려질 것입니다."

"정말 고맙구나. 그렇다면 이제부터는 1년 후를 위해 여러 가지 준비를 해두어야겠구나."

그리하여 그는 사막과 같은 섬에 가서 꽃을 심고 과일을 심고, 1년 후를 대비해 준비하기 시작했다. 1년이 지나자, 그는 그 즐거운 섬에서 쫓겨났다. 그는 왕이었으면서도, 왔을 때와 똑같이 벌거숭이로 외로운 죽음의 섬으로 보내졌다. 그러나 황폐한 섬에 도착해 보니, 과일이 열리고 야채가 자라서, 아주 살기 좋은 땅으로 변해 있었다.

또, 먼저 그곳에 쫓겨났던 사람들도 그를 반갑게 맞이해 주었다.

그래서 사람들은 그와 함께 행복하게 살 수 있었다.

가정의 평화를 위해서

 메이어라는 랍비는 매우 설교를 잘하는 랍비로 유명하였다. 그는 매주 금요일 밤에 설교를 했는데 많은 사람들이 그의 설교를 듣기 위하여 모여들었다.

 사람들 중에서 그의 설교를 매우 좋아하는 여성이 있었다. 보통 유대인 여자들은 금요일 저녁에는 이튿날 안식일을 준비하기 위하여 요리를 하거나 다른 일을 하는데, 이 여성은 그 랍비의 이야기를 들으려고 오는 것이다.

 랍비는 여러 시간 동안 일을 했고, 그녀는 그의 이야기에 만족을 하고 늦은 시간에 집으로 돌아왔다. 그런데 그녀의 남편이 문 앞에서 기다리며, 내일이 안식일인데 요리를 준비하지 않고 무슨 일로 다니냐며 화를 냈다.

 "당신 어디 갔다 왔소?"

"나는 예배당에서 랍비의 이야기를 듣고 왔습니다."

그러나 그는 몹시 화를 냈다.

"당신이 랍비의 얼굴에 침을 뱉고 올 때까지 집에 들여 놓지 않겠소."

그래서 그녀는 남편과 별거 생활을 하게 되었다. 랍비는 이 말을 듣고, 자기의 이야기가 너무 길었기 때문에 한 가정의 평화를 깨버린 것을 깨닫고, 그녀를 초대하여 자기 눈이 쑤신다고 호소를 했다.

"이것은 침으로 씻어야 좋을 것 같군. 그렇게 하면 약이 될 테니까, 당신이 수고 좀 해주시오."

그러자 그녀는 그의 눈을 향해 침을 뱉었다.

제자들은 이렇게 말했다.

"당신은 대단히 덕망 높은 랍비인데, 어째서 여자가 얼굴에 침을 뱉게 합니까?"

"가정의 평화를 되찾기 위해서는 어떤 일이라도 해야 합니다."

❖ 평화로운 가정은 행복의 근원으로 그것은 바로 건강과 착한 양심 다음의 위치를 차지한다.

— S. 스미드

신발 장수의 희망 찾기

어느 시골에 지혜롭고 부지런한 신발 장수가 있었다. 그런데 이 신발 장수는 장사가 잘 되지 않아 고민이 되었다.

"이렇게 장사가 안 되어서야 밥도 못 먹겠는 걸. 이것 참 큰일이군."

그러나 신발 장수는 이 어려움을 해결할 수 있는 좋은 방법이 있을 거라 생각을 하고 열심히 장사를 하였다.

그러던 어느 날이었다. 읍내 장터에 나갔던 신발 장수는 여기에서 멀리 떨어진 도시에서 질 좋은 신발을 아주 싸게 판다는 소식을 들었다.

'그 도시는 좀 멀긴 하지만 질 좋은 신발을 사다가 팔면 이익이 많이 생기겠는 걸.'

이렇게 생각을 하고 신발 장수는 바로 짐을 꾸려서 그 도시로 길을 떠났다. 가지고 있던 돈도 모두 가지고 떠났던 것이다. 도시에 도착한 신발 장수는 신발을 싸게 판다는 곳으로 먼저 갔다. 그런데 안타깝게도 이미 신발은 다 팔리고 없었다. 게다가 이미 날까지 어두워 다시 집으로 돌아갈 수도 없었다. 그래서 신발 장수는 하룻 밤을 이곳에서 묵고 가기로 하였다. 신발 장수는 우선 여관부터 정했다. 그리고 방에 들어와 짐을 풀었는데 갑자기 이상한 생각이 들었다.

'내게 돈이 많이 있는 걸 알고 누가 내 돈을 훔쳐가면 어떡하지? 그렇게 되기 전에 이 돈을 어디 안전한 곳에 숨겨야겠다.'

이렇게 생각한 신발 장수는 돈 꾸러미를 들고 밖으로 나왔다. 한참을 가다보니 사람들이 잘 다니지 않는 조용한 곳이 있었다. 신발 장수는 그곳에 있는 커다란 나무 밑에다 구멍을 파고 몰래 돈을 묻었다. 그제야 신발 장수는 마음이 편안해졌다.

'이제는 안전하겠지? 아무도 본 사람이 없을 테니까.'

흙 묻은 손을 툭툭 털며 사방을 둘러보았지만 다행히 주위에 사람의 기척이 없었다.

'여기까지 왔는데 그냥 가기에는 좀 섭섭하군. 어디 도시 구경이나 좀 해볼까?'

신발 장수는 홀가분한 마음으로 도시 여기저기를 돌아다녔다. 도시는 참 신기하고 화려한 것들도 많았다. 신발 장수는 아주 오랜만에 즐거운 하루를 보내게 되었다.

밤이 되었다. 신발 장수는 여관으로 돌아가 아주 피곤하여 깊은 잠에 들었다. 신발 장수는 늦잠도 잤다. 다음 날 해가 높이 뜬 다음에야 일어난 신발 장수는 돈 꾸러미 생각이 났다.

"내 돈이 잘 있을까? 어디 한 번 가 보아야겠다."

신발 장수는 어제 돈을 묻어두었던 곳으로 갔다. 먼저 보는 사람이 없는지 사방을 살펴 본 뒤 부지런히 나무 밑을 파기 시작했다.

"아니, 이럴 수가!"

이게 어찌 된 일일까? 나무 밑에는 돈이 없었다.

"내가 잘못 팠나?"

신발 장수는 바로 다시 옆을 파기 시작했다. 그러나 나무 주위를 다 파 보아도 숨겨놓은 돈은 나오지 않았다.

"이 일을 어쩌지? 그게 내 전 재산인데. 그 돈을 잃어버렸으니 난 이제 어떻게 살란 말인가?"

신발 장수는 그 자리에 주저앉아 엉엉 울었다. 누가 신발 장수의 돈을 가져간 걸까? 신발 장수가 돈을 묻을 때에는 분명히 주변에 아무도 없었다. 한참을 넋을 잃고 앉아 있던 신발 장수는 그곳에서 바로 보이는 곳에 집 한 채가 있다는 것을 발견했다. 신발 장수는 그 집에 가 보았다. 그런데 그 집 벽에 조그만 구멍이 뻥 뚫려 있었다. 그 구멍을 통해 밖을 내다보면 그 나무가 바로 보였다.

신발 장수는 이제야 모든 것을 알 것 같았다.

'내가 나무 밑에 돈을 묻을 때 이 집 주인이 이 구멍으로 몰래 지켜 보고 있다가 내가 떠난 후에 그 돈을 파내어서 훔쳐 간 거야. 나쁜 사람 같으니라고 어디 두고 보자.'

신발 장수는 돈을 찾을 방법을 곰곰이 생각해 보았다. 잠시 후 신발 장수에게 아주 좋은 방법이 떠올랐다. 신발 장수는 참 지혜로운 사람이었다. 신발 장수는 파 보았던 나무 밑을 아무도 파 보지 않은 것처럼 감쪽같이 잘 덮어 두었다. 그리고 그 집을 찾아가서 정중하게 대문을 두드렸다.

'똑똑똑!'

그러자 집 주인인 듯한 노인이 고개를 내밀고 물었다.

"누구신가요?"

"네, 저는 시골에서 올라온 신발 장수인데 지금 큰 고민거리가 생겼습니다. 그런데 소문에 듣자하니 어르신께서 지혜와 덕망이 높아 어려운 문제들을 잘 해결해 주신다고 해서 이렇게 찾아 왔습니다."

 신발 장수가 일부러 노인을 치켜세우는 줄도 모르고 노인은 기분이 좋아졌다.

 "내가 어려운 사람들을 많이 도와 주기는 했지만 그렇게 대단한 건 아니지."

 노인은 거짓말로 겸손한 척했다.

 "무슨 말씀이세요? 어르신의 지혜라면 해결하지 못할 문제가 없을 텐데요. 제 말 좀 들어 보시고 좋은 방법을 꼭 가르쳐 주십시오."

 "그럼 어디 이야기나 한 번 들어 봅시다."

 "네. 저는 아주 좋은 신발을 싸게 판다는 소문을 듣고 이 도시에 왔는데 가지고 있는 돈을 몽땅 가지고 왔지요. 그런데 제가 너무 늦게 도착하여 신발이 모두 팔려서 없었어요. 하는 수 없이 가지고 있던 돈을 두 자루에 나누어 담았지요. 한 자루에는 은화 500냥을 담고, 한 자루에는 은화 800냥을 담았습니다. 그리고 500냥이 든 자루를 아무도 모르는 곳에 묻었습니다. 그런데 이 800냥의 돈은 어떻게 보관하면 좋을까요? 제 생각에는 이것도 어디에 묻는 것이 좋을 것 같은데 500냥짜리를 묻은 곳에 같이 묻으면 좋을까요? 아니면 믿을 만한 사람에게 맡기는 게 좋을까요? 저는 도대체 어떤 방법이 좋을지 결정을 내리지 못하겠습니다. 좋은 방법을 가르쳐 주십시오."

노인은 곰곰이 생각하는 것처럼 보였지만 속으로는 손뼉을 쳤다.

'옳지, 이 멍청한 신발 장수야. 500냥은 이미 내 손에 있는데 아직 없어진 것도 모르고 있군. 그럼 그 800냥도 묻으면 내가 가져야겠다.'

이렇게 생각한 노인은 태연하게 말했다.

"음, 나 같으면 아무도 믿지 않겠소. 그러니 500냥짜리 자루를 묻은 곳에 800냥짜리 자루도 함께 묻는 것이 훨씬 낫겠소."

노인의 이야기를 들은 신발 장수는 고개를 끄덕이며 감사의 인사를 드렸다.

"어르신, 고맙습니다. 그렇게 하는 것이 좋겠군요. 꼭 어르신 말씀대로 하겠습니다."

신발 장수는 노인에게 공손히 인사를 하고 돌아갔다.

"허허허. 이런 멍청한 신발 장수 좀 보게나. 조금 있으면 800냥까지 공짜로 얻을 수 있겠구나. 지금 이러고 있을 때가 아니지 나무 밑을 파 보았다가 돈이 없어진 것을 알면 800냥을 묻지 않을 테니 아무 일도 없었던 것처럼 다시 이 돈 500냥을 있던 곳에 묻어야겠다."

신발 장수가 멀리 간 것을 확인한 노인은 얼른 500냥이 든 돈을 꺼내어 집 앞 나무 밑에 다시 묻었다. 하지만 신발 장수는 먼 곳에서 이것을 다 지켜보고 있었다. 노인이 돈 자루를 다시 묻고 집으로 돌아가자 신발 장수는 그 나무 밑을 파기 시작했다. 물론 500냥이 든 돈 자루는 고스란히 그곳에 있었다. 신발 장수는 그 돈 자루를 찾아 들고 집으로 돌아갔다. 담장의 구멍을 통해 몰래 엿보던 노인은 자기가 속은 것을 알고 발만 동동 굴렀다.

❖ 희망은 헤아릴 수 없는 상황이 아니면 결코 그 아름다운 날개를 펴지 않는다. 미래가 불투명한 상황에서 드디어 희망은 빛을 발한다. 예측 불가능한 상황에 맞닥뜨릴 때 더욱더 희망을 믿자.

– 에머슨

랍비와 악당

 랍비 몇 사람이 여행을 하고 있었다. 그런데 여행을 하는 도중에 무서운 악당들을 만났다.

"저기 좀 보세요. 악당들이 몰려오고 있어요."

악당을 제일 먼저 발견한 랍비가 소리를 질렀다. 악당을 본 랍비들도 겁에 질려 벌벌 떨고만 있었다. 모두 도망갈 생각도 하지 못하였다. 왜냐하면 이 근처에 아주 잔인하고 무섭기로 소문난 악당들이 살고 있었기 때문이다.

"아이고 이제 우리는 죽었다. 저 악당들한테 잡혀서 살아온 사람은 아직 한 명도 없대요."

제일 나이 어린 랍비가 울면서 말했다. 그러자 한 랍비가 모든 것을 포기한 듯 털썩 주저앉으며 말했다.

"정말이지 저런 악당들은 모두 물에 빠져 죽어버리기나 했으면 좋겠어요."

그 소리를 들은 어떤 랍비가 조용히 그를 타일렀다. 그중에서 가장 나이도 많고 덕망있는 랍비였다.

"그렇게 생각하지 마시오. 유대인이라면 그렇게 생각해서는 안 됩니다. 아무리 저 악당들이 죽었으면 좋겠다고 생각되더라도 그런 것을 기도해서는 안 됩니다. 아무리 나쁜 사람들이라도 죽기를 바라기보다는 자신의 죄를 뉘우치게 해달라고 기도해야 하오. 자, 이러고 있지 말고 우리 모두 저 사람들이 착한 사람이 되게 해달라고 기도를 합시다."

자신의 목숨이 위태로운 상황에서도 그렇게 말할 수 있는 랍비의 용기와 덕망에 다른 랍비들도 모두 고개를 숙이고 반성을 하였다.

❖ 고통은 인간을 생각하게 만든다. 생각은 인간을 현명하게 만든다. 지혜는 인생을 견딜 만한 것으로 만든다.

― J. 패트릭

사랑, 함께 웃을 수 있는 마법입니다

있는 그대로를 인정하라

어떤 아버지가 세 딸을 두고 있었다. 세 딸은 모두 미인이었다. 그러나 세 딸들은 모두 한 가지씩 단점을 가지고 있었다. 큰 딸은 게으름뱅이이고, 둘째 딸은 도벽이 있었고, 막내 딸은 다른 사람 험담하기를 좋아하는 수다쟁이였다.

어느 한 사나이가 자기에게 세 아들이 있으니 그 세 딸을 자기 아들의 신부로 달라고 말하였다. 아버지가 세 딸들에게 이런저런 결점이 있다고 말하자 그것은 걱정하지 말라면서 딸들이 행복하게 살 수 있게 해주겠다고 말하였다.

그래서 결혼을 시켜 시아버지가 된 사람은 게으름뱅이 큰 딸에게는 많은 몸종을 두었으며, 도벽이 있는 딸을 위해서는 큰 창고의 열쇠를 주며 무엇이든지 가지고 싶은 것이 있으면 가지라고 하였다.

세 번째 험담을 좋아하는 딸에게는 아침 일찍 그 딸을 일어나게 하여 오늘은 무언가 사람을 헐뜯을 일이 있느냐고 물었다.

 어느 날 친정아버지가 딸들이 결혼 생활을 잘 하는지 궁금하여 딸들을 보러 갔다. 큰 딸은 원하는 만큼 마음껏 게으름을 피우고 살 수 있어서 좋다고 하였다. 둘째 딸은 물건을 가지고 싶을 때 마음대로 가질 수 있어서 좋다고 하였다. 그런데 막내 딸은 시아버지가 남녀 관계를 몰아세우므로 괴롭다고 하였다. 그러나 막내 딸의 말은 믿지 않았다. 왜냐하면 셋째 딸은 시아버지도 헐뜯고 있었기 때문이다.

❖ 물오리가 태어날 때부터 헤엄을 치듯이, 어린이들은 나면서부터 착한 일을 할 수 있는 천성을 지니고 있다. 어린이들이 하는 일에 일일이 간섭하는 것은 물오리의 헤엄을 금하는 것이나 다름없다. 어린이들을 가르치려면 그 천성을 곁에서 도와 주는 것이 무엇보다 중요하다.

— 플로베르

욕심의 끝

폴란드에 엄청난 땅을 가진 땅 부자가 살고 있었다. 그에게는 유대인 하인이 있었는데 엄청난 땅 부자를 부러워했다. 자기 자신도 주인처럼 땅이 많은 부자가 되고 싶었다.

"주인님, 어떻게 하면 땅을 조금이나마 가질 수 있나요?"
"내가 그 방법을 가르쳐 주마."
며칠 뒤 땅 부자가 유대인 하인을 불렀다.
"무슨 일로 부르셨나요?"
"오늘 너에게 나의 땅을 나누어 주기로 하마."
"정말인가요?"
"그럼, 정말이지. 내일 해가 뜨면 걷기 시작하여 해가 지기 전까지 돌아오너라. 걸어 온 만큼 땅을 모두 너에게 주겠다. 그렇지만 해가 지기 전까지 반드시 돌아와야만 너의 땅을 인정하겠다."

이 말을 들은 유대인은 기뻐서 어쩔 줄 몰랐다.

'해야, 어서 떠라. 날아 어서 밝아져라.'

 하인은 잠을 한 숨도 못자고, 밤을 꼬박 새우고 아침이 밝기만을 기다렸다. 아침이 되어, 주인과 하인은 같이 들판으로 나가서 주인은 기다리기로 하고, 하인은 들판을 걷기 시작하였다. 들판을 지나 숲을 지나도 끝이 보이지 않는 부자 주인의 땅을 있는 힘을 다해 부지런히 걸었다.

 얼마 후, 해가 지고 있는 것을 보았다.

 '이제 돌아가야 할 시간이다.'

 하지만 하인은 욕심이 생겨서 잠시도 쉬지 않고 달려갔다.

 '한 평이라도, 반 평이라도 더 많은 땅을 가져야 해. 다시는 이런 기회가 없을 거야.'

 해가 뉘엿뉘엿 지고 있었다. 하인이 돌아가야 할 시간은 이미 지나고 있었다.

 '아, 이제 정말 돌아가야 한다.'

이제야 하인은 늦었다는 것을 깨달았다. 그래서 빨리 달리기 시작했다.

"빨리 돌아가야 돼! 늦으면 한 평 아니 반 평의 땅도 얻을 수 없을 테니까."

해는 서서히 지고 있었다.

하인은 있는 힘을 다해 달리기 시작했고, 해가 지려는 순간 겨우 출발한 곳에 도착할 수 있었다. 그러나 도착한 하인은 달려오느라 몸이 지쳐서 그 자리에서 푹 쓰러져 죽고 말았다.

"미련한 사람 같으니……. 누구나 죽을 때는 자기 몸이 묻힐 만큼의 땅만 가질 뿐이라는 것을 알지 못하고."

부자 주인은 하인을 땅 속에 묻어 주었다.

네가 원하는 것을 전부 얻었을 때에 조심하라. 살찐 돼지는 운이 나쁘다.

- 해리스

진정한 효도의 모습

어느 한 마을에 청년이 두 명 살고 있었다. 이 두 청년은 각각 아버지 한 분만을 모시고 똑같이 살고 있었다.

그 중 돈이 많은 청년은 시간만 나면 아버지께 귀하고 값비싼 음식을 대접해 드렸다.

"아들아, 이렇게 귀하고 맛있는 요리를 어디서 구했느냐?"

아버지는 아들이 대견스러워 물었다.

"아버지 귀찮게 자꾸 물어 보지 마시고 그냥 제가 대접해 드리면 드시기나 하세요."

청년은 퉁명스럽게 대답을 하였다. 아버지는 그 이후로는 아들이 대접해 주는 음식을 아무 말도 하지 않고 먹기만 하였다.

"참 효자야. 아버지께 항상 귀한 음식을 대접해 드리고."

마을 사람들은 청년이 퉁명스러운 줄도 모르고 침이 마르게 칭찬을 하였다.

바로 이웃에 사는 다른 청년은 아버지께 귀한 음식을 대접하기보다는 아버지를 도와 방앗간 일을 열심히 도와 드렸다. 그러던 어느 날이었다. 관리가 찾아와 다음과 같이 전해 주었다.

"방앗간 주인은 모두 궁전에 모여 일하라는 임금님의 명이요!"

궁궐에서는 노예처럼 방아 찧는 일만 해야 했다. 방앗간 청년은 아버지께 말씀을 드렸다.

"아버지, 아버지 대신 제가 가겠습니다. 아버지께서는 방앗간 일을 보고 계세요."

"일이 너무 힘들 텐데. 부디 건강하게 잘 다녀오너라."

방앗간 청년은 궁전으로 방아 찧는 일을 하러 떠났다.

그 자세한 내막을 모르는 이웃 사람들은 노인이 방아 찧는 것을 보고 수군거렸다.

"젊은 아들은 뭘 하고 늙은 아버지 혼자 방아를 찧고 있나. 정말 괘씸한 청년이야."

모두들 그 청년을 욕했다. 오랜 세월이 흘러, 두 청년이 죽어서 하느님 앞에 나란히 서게 되었다.

하느님은 방앗간 청년에게 먼저 물었다.

"너는 죽기 전에 세상에서 어떤 일을 했느냐?"

"저는 생전에 방앗간에서 일을 하였습니다. 궁전에 끌려가서도 일을 하였습니다."

"그래. 네가 바로 늙은 아버지가 고생하실까 봐 아버지 대신 일하러 갔었던 청년이구나. 나쁜 임금이 방앗간 일을 하는 사람들을 힘들게 부리는 것을 알고 말이다. 너는 진정한 효자로다. 너는 천국으로 가거라."

그래서 방앗간 청년은 천국의 문으로 들어갔다. 하느님은 또 다른 청년에게도 똑같이 물어 보았다.

"예, 하느님. 저는 아버지께 귀하고 맛있는 음식을 많이 대접해 드렸습니다."

"예끼, 이런 불효자야. 너는 지옥으로 가거라."

"네? 제가 무슨 불효를 했다고 그러십니까?"

"너는 귀하고 맛있는 음식만 대접하는 것이 효도인 줄 아느냐? 너는 부모의 마음을 아프게 해드렸다. 효도란 마음속에서 우러난 진실된 효도라야 효도라고 할 수 있다."

저울 한쪽 편에 세계를 놓고, 다른 한쪽 편에 나의 어머니를 놓는다면, 세계를 올려놓은 쪽이 훨씬 가벼울 것이다.

- 랑구랄

사랑 함께 웃을 수 있는 마법입니다

악마가 내린 선물

어느 한 사람이 나무 한 그루를 심고 있었다.

구덩이를 파고 거름을 줄 차례였는데, 그때 악마가 가까이 와서 나무 심는 것을 참견하였다.

"너는 지금 무엇을 하는 거니?"

악마가 물었다.

"네가 보다시피 나무를 심고 있어."

나무를 심던 사람은 대답을 하였다.

"무슨 나무인데?"

악마는 옆에 앉아서 또 다시 물었다.

"포도나무야."

"포도나무라구?"

악마는 포도나무를 유심히 살펴보았다. 포도나무 줄기는 곧았으나, 조금만 자라면 구불구불한 덩굴을 만들며 자라게 되어 있었다.

"나는 처음 보는 나무인데, 포도라는 과일은 맛이 어떤 맛일까?"

악마는 입맛을 다시며 다시 물었다.

"익게 되면 맛이 아주 달고 향긋하기도 하고, 아주 맛이 있다네."

"나도 포도가 먹고 싶어. 나도 끼워 줘."

악마는 졸라 대었다.

"그래. 너도 먹고 싶다면 나무 심는 걸 도와 주도록 해."

"알겠다. 잠깐만 기다려."

악마는 대답을 하더니 어디론가 사라졌다. 얼마 후 나타났는데, 악마는 사자, 양, 원숭이, 돼지의 피를 큰 통에 담아 왔다. 그리고는 가지고 온 것을 포도나무 심을 구덩이에 가득 부었다.

"이제 거름을 넉넉히 주었으니 무럭무럭 잘 자랄 거야."

정말 포도나무는 덩굴을 죽죽 뻗으며 무럭무럭 잘 자랐다.

가을이 되자, 포도를 수확한 사람들은 익은 포도를 따서 즙을 만들어 서늘한 곳에 두었다.

"정말 포도주가 제대로 익었어."

"포도주를 많이 마신다면, 돼지가 될 것 같아."

악마는 혼자 중얼거리며 어둠 속으로 사라졌다.

"술은 네 가지 동물을 닮았어. 처음에 조금 마시면 얼굴이 붉어지면서 양처럼 온순해지지. 조금 더 술을 마시면 사자처럼 사나워지고, 그보다 더 마시면 원숭이처럼 춤추고 노래 부르고 우스워지거든. 여기에 더 마시게 되면 돼지처럼 토하고 뒹굴면서 추해지지. 과연 악마의 선물이라고 할 만해."

그날 이후 그 사람은 술을 많이 마시지 않기로 하였다.

❖ 술을 마시고서 생각해 낼 수 있는 것은 아무것도 없다. 그저 떠들고 지껄이는 것밖에는.

— 실러

생명을 뜻하는 무덤

아버지와 아들은 사막을 여행 중이었다.

"아이고, 아버지 더 이상 못 걷겠어요. 저는 돌아가고 싶어요. 목도 마르고, 다리도 아프고."

앞에서 걸어가고 있는 아버지에게 아들은 우는 소리로 사정을 했다. 그러나 아버지는 좀처럼 쉽게 포기할 것 같지 않았다.

"아들아, 끝까지 가보자. 이렇게 포기하면 안 된다. 조금만 가면 곧 마을이 나타날 거야."

아버지는 아들을 포기하지 말라고 격려하며 계속 걸어갔다. 가지고 있던 물도 다 떨어져서 아들에게는 참기 힘든 여행이었다. 아무리 참고 가도 가도 사람이 사는 마을은 나타나지 않았다. 그러나 아버지가 아들에게 용기를 북돋아 주어 포기할 수 없었다. 아버지와 아들은 쉬지 않고 계속 걸어갔다. 그런데 얼마 가지 않아 무덤이 나왔다. 무덤을 본 아버지는 너무 기뼈서 이렇게 말씀하셨다.

"아들아, 조금만 힘을 내라. 여기에 무덤이 있다는 것은 이 근처에 마을이 있다는 표시란다."

"아버지, 정말이에요?"

아들은 무덤이 왜 마을이 있다는 표시인지 몰랐지만 다시 희망을 가지고 걸어갔다. 얼마 후, 바로 가까운 곳에 마을이 있었다. 아버지와 아들은 그 마을에서 물도 마시고 편히 쉴 수가 있었다. 사막에서는 마을 어귀에 묘지를 만들어 놓았다. 그래서 사막을 여행하는 사람들에게 묘지가 있다는 것은 마을이 가까이 있다는 표시가 되었다. 유대인들에게도 무덤은 죽음을 상징하지는 않았다. 오히려 생명을 뜻하였다.

◆ 가능과 불가능의 경계선은 그 일을 하고자 하는 사람의 결심에 달려 있다. 얼마나 많이 그 일을 원하는가? 어느 정도의 대가를 기꺼이 치르겠는가?에 달려 있는 것이다.

—토미 라소다

보이지 않는 선행

예쁘고 조그마한 배 한 척이 물 위에 떠 있었다. 그 배에서 부부와 두 아들이 한가롭게 낚시를 하고 있었다.

"아버지, 저는 한가롭게 낚시할 때가 제일 좋아요."

큰 아들이 즐거워하며 말을 하였다.

"아버지, 저도 마찬가지입니다."

작은 아들도 맞장구를 쳤다. 이 가족들은 함께 모여 무엇이든 하는 것을 좋아하였다. 그리고 온 가족이 이런 즐거운 시간을 보낼 수 있다는 것에 대해서도 감사할 따름이었다. 이제 여름이 다 가고 더 이상 호수에서 낚시를 할 수 없는 계절이 되었다. 아버지는 배를 잘 손질해 두어 내년 봄에 또 낚시를 하기 위해 뭍으로 끌어 올렸다.

"아휴, 배에 구멍이 났잖아."

청소를 다 마친, 아버지는 배 바닥에 조그만 구멍이 난 것을 찾아내었다.

'이 배를 겨울에는 사용하지 않으니, 내년 봄에 수리를 해도 되겠지.'

이렇게 혼자 생각을 하고 배를 그냥 내버려두었다. 그러나 배에 색칠하는 것은 다른 사람에게 부탁을 하여 미리 칠을 해 두었다.

다음해 봄이 되었다.

"야, 봄이 되었다. 우리 낚시 하러 가자."

두 아들은 낚시 하러 갈 생각에 신이 났다.

"아버지, 우리 저 배 타고 낚시 하러 가요."

그러나 아버지는 다른 급한 일이 있어서 아들들과 낚시를 하러 갈 수가 없었다.

"얘들아, 오늘은 내가 너무 바쁘니 너희들끼리 하는 것이 어떻겠니?"

"예, 알겠습니다."

두 아들은 배를 끌고 호수로 나갔다. 아버지는 하던 일을 하느라 정신이 없었다.

잠시 후 아버지는 갑자기 무언가 생각이 났다.

"구, 구, 구멍! 배에 구멍이 났었는데."

이제야 아버지는 배에 구멍이 난 것이 생각이 났다. 아버지는 깜짝 놀라 헐레벌떡 호수로 뛰기 시작했다.

'애들이 아직 너무 어린데, 둘 다 수영도 서툴고. 제발.'

아버지는 있는 힘을 다해 뛰고 또 뛰었다. 그런데 어찌 된 일일까? 그의 두 아들이 호숫가에서 씩씩하게 걸어 나오고 있었다. 아버지는 너무 반가워 두 아들을 부둥켜 안았다.

"너희들 어디 다친 데 없니?"

두 아들은 영문을 몰라 어리둥절했다. 아버지께서 왜 그러시는지 이유를 알 수가 없었다.

"아빠 무슨 일 있으세요?"

이제야 아버지도 두 아들을 살펴보며 아무 일 없었다는 것을 알았다.

"얘들아, 사실은 너희가 타고 나간 배에 구멍이 나 있었는데 내가 수리해 놓는다는 것을 잊어 버리고 있었다. 배에 물이 들어왔을 텐데 어떻게 너희들은 하나도 젖지 않고 무사히 나왔느냐?"

아버지는 안도의 숨을 쉬고 한편으로는 몹시 궁금했다.

"구멍요? 없었는데요. 물 한 방울 들어오지 않았어요."

"그럴 리가 없다. 작년에 내가 구멍 나 있는 걸 보았는데."

아버지는 아들의 말이 도저히 믿어지지 않았다. 그래서 배를 묶어 둔 곳에 가서 직접 확인해 보았다. 그런데 정말로 배에는 구멍이 없었다. 누군가 물이 새지 않도록 이미 막아 놓았던 것이다.

'이게 어찌 된 일이지?'

아버지는 그 이유를 알 수 없었다. 한참을 생각해 보니 아버지는 그제서야 조금은 알 것 같았다.

"맞아, 아마도 작년에 이 배를 색칠했던 사람이 했을 거야. 그 사람말고는 아무도 이 배를 만지지 않았으니까."

아버지는 너무나 고마워 작은 선물을 준비하여 그 사람을 찾아 갔다.

"어서 오십시오. 그런데 이 선물은 무엇입니까? 저는 배를 칠해 드리고 품삯을 받았는데요."

"아닙니다. 제가 부탁을 드린 것도 아닌데 당신이 배에 난 구멍을 고쳐 주셔서 제 두 아들을 다시 만날 수 있었습니다. 정말 고맙습니다. 당신은 우리 두 아들을 구해 준 생명의 은인이십니다."

아버지는 그 사람에게 여러 번 감사의 인사를 하였다.

"자꾸 이러면 제가 더 부끄럽습니다. 저는 다만 제가 하는 일에 최선을 다했을 뿐입니다."

그 사람은 자기의 일만 잘 하는 것이 아니라 겸손의 미덕도 함께 갖춘 사람이었다.

다이아몬드와 아버지

옛날 이스라엘에 한 청년이 살고 있었다. 그런데 그 청년은 눈이 아주 부실 정도로 아름답게 빛나는 다이아몬드를 가지고 있었다.

어느 날, 한 랍비가 금화 6천 냥을 가지고 청년을 찾아왔다.

"내가 예배당을 장식하는데 당신이 가진 다이아몬드를 쓰고 싶습니다. 여기 금화를 가져왔으니 다이아몬드를 제게 파십시오."

금화 6천 냥은 다른 사람들은 만져 보기 힘든 큰 돈이었다. 그 청년은 비싼 값을 받고 다이아몬드를 팔게 되어 매우 기뻤다. 그러나 한 가지 문제가 있었다. 청년의 아버지가 금고 열쇠를 베개 밑에 둔 채로 잠들어 계셨다. 청년은 곤히 잠들어 계신 아버지를 깨울 수가 없었다. 청년은 아버지의 잠든 모습만 보다가 그대로 밖으로 나왔다.

"죄송합니다. 다이아몬드를 팔 수 없습니다."

랍비는 깜짝 놀라 말을 하였다.

"아니, 왜 그러십니까? 금화 6천 냥이 부족하십니까?"

"아닙니다. 지금 저희 아버지께서 주무시고 계셔서 깨울 수가 없습니다."

랍비는 이해가 가지 않았다.

"잠깐만 깨우면 되지 않습니까?"

그러나 청년은 딱 잘라 말을 하였다.

"안 됩니다. 금화 6천 냥은 큰 돈이지만 제게는 아버지가 더 소중합니다."

랍비는 아무 말도 하지 못하고 돌아갔다.

어느 날 갑자기 착한 사람이 되거나 악인이 되는 사람은 없다.

- 시드니

하느님이 맡긴 보석

안식일이 되었다. 랍비 메이어가
예배당에서 설교를 하고 있었다.
랍비 메이어가 설교를 할 때 그의
아내는 남편이 좋은 설교를 할 수
있도록 집에서 기도를 하였다. 아내
덕분에 메이어는 아주 열심히 설교를
할 수 있었다. 바로 그때 랍비 메이어의 집에서 사랑하는 두 아들이 죽는 슬픈 일이 일어났다. 메이어의 아내는 두 아이의 시체를 위층으로 옮겨 놓고 흰 천을 덮어 두었다. 밤이 깊었다. 랍비 메이어가 설교를 마치고 집으로 돌아왔다.

"여보, 오늘 잘 지냈소? 아이들은 잠이 들었나 보구려."

'이 일을 어떻게 말해야 하나?'

아내는 두 아이의 죽음을 남편에게 어떻게 이야기 해야 할지 궁리를 하였다. 그러다 좋은 생각이 떠올랐다. 아내는 남편에게 말을 하였다.

"당신에게 한 가지 물어 보겠어요. 전에 어떤 분이 제게 아주 귀한 보석을 하나 맡기셨는데 이제 그 분이 그 보석을 돌려 달라고 하시는군요. 이럴 때 어떻게 해야 좋을까요?"

랍비 메이어가 대답을 하였다.

"그야 물론 보석을 주인에게 되돌려 주어야 하지 않겠소?"

그러자 아내는 고개를 끄덕이며 침착한 목소리로 말을 하였다.

"네, 저도 그렇게 생각을 합니다. 사실은 조금 전에 하느님께서 귀중한 보석 둘을 찾아 가지고 하늘로 돌아가셨습니다."

랍비 메이어는 아내의 말을 알아듣고는 더 이상 아무말도 하지 않았다.

죽음은 때로는 태산보다 무겁고 때로는 새털보다 가볍다.

— 사마천

유대인을 산 유대인

잔잔한 바다 위를 유람선 한 척이 달리고 있었다. 그 배 안에는 많은 사람들이 타고 있었다. 희랍 사람, 페니키아 사람, 로마 사람 등 여러 나라 사람들이 여행을 하고 있었다. 그 속에는 유대인도 한 명 있었다.

"참 아름답군요."

바다 한 가운데서 해가 지는 모습을 보니 아주 즐거웠다.

사람들은 모두 감탄을 하였다. 사람들은 배에서 술을 마시기도 하고 춤을 추기도 하며 즐거운 시간을 보내고 있었다. 한창 분위기가 무르익을 무렵이었다.

'쾅! 쾅!'

어디에서 대포 쏘는 소리가 들렸다.

"이게 어디서 나는 소리지?"

"저기 좀 보세요. 해적선이에요."

바다 저쪽에 무시무시한 해적선이 있었다. 사람들은 어떻게 해야 할지 몰라 우왕좌왕하기만 했다. 끝내 반항도 못하고 배는 해적들의 손에 넘어가 버리고 말았다.

사람들은 가지고 있던 보석과 돈, 귀중품을 모두 빼앗겼다. 게다가 빈털터리가 된 사람들은 시장에 팔리는 처량한 신세가 되었다. 노예가 된 사람들은 값이 매겨진 채 노예를 사려고 모여든 사람들 앞에 끌려 나갔다. 제일 먼저 끌려 나온 사람은 몸집이 아주 큰 로마 청년이었다. 그 사람은 공사장의 인부로 팔려 나갔다. 그 다음은 희랍 여자였다. 그 여자는 어느 부자의 몸종으로 팔려 갔다. 노예가 된 사람은 모두 팔려 나가고, 마지막으로 유대인 청년이 나왔다. 노예 상인은 크게 외쳤다.

"이 사람은 유대인입니다. 이 사람은 성품도 아주 좋고 몸도 아주 건강합니다. 일도 아주 잘 합니다. 자, 이 사람을 누가 사시겠습니까? 이런 사람을 놓치면 후회합니다."

그때 어떤 사람이 외쳤다.

"그 사람을 내가 사겠소. 금화 열 냥이면 되겠습니까?"

그런데 옆에서 아무 말도 하지 않고 앉아 있던 한 노인이 벌떡 일어나 외쳤다.

"내가 금화 열두 냥을 내겠소. 내게 파시오."

그러나 젊은이도 지지 않았다.

"그러면 금화 열다섯 냥을 내겠소."

　노인은 굳은 표정으로 어떤 일이 있어도 그 유대인 청년을 사겠다고 외쳤다.

　"금화 스무 냥을 내겠소."

　이렇게 해서 유대인의 몸값은 자꾸 올라갔다. 결국 유대인 청년은 금화 오십 냥에 노인에게 팔렸다. 그 노인은 유대인 청년을 데리고 그곳을 빠져 나왔다. 얼마나 갔을까? 노인이 유대인 청년에게 말을 하였다.

　"자, 이제 당신은 자유의 몸이니 어서 가시오."

　"네, 그럼 저를 풀어 주시는 건가요?"

　"그렇소. 당신은 이제 당신의 집으로 돌아가서 부디 행복하게 사시오."

노인은 그 유대인 청년이 무사히 돌아가도록 차비까지 주었다.

청년은 눈물을 흘리며 몇 번이고 고맙다고 인사를 하였다.

"고맙습니다. 절대로 이 은혜를 잊지 않겠습니다."

청년은 고맙다는 인사를 하고는 돌아서 갔다. 그런데 잠시 후 청년이 다시 노인에게 뛰어왔다.

"어르신, 그런데 그렇게 비싼 돈을 주고 저를 사셨는데 왜 풀어 주시는 거죠?"

노인은 대답 대신에 그 청년의 팔을 꼬집었다.

"아야, 갑자기 왜 그러십니까?"

꼬집힌 팔을 문지르며 청년이 소리쳤다. 그러자 노인이 웃으며 이렇게 대답을 하였다.

"하하하, 많이 아픈 모양이구먼. 젊은이, 사실 나도 유대인이라네. 유대인은 한 몸과 같다네. 팔이 다치면 팔만 아픈 것이 아니거든. 온몸이 그 아픔을 함께 느끼게 되지. 우리도 마찬가지라네. 같은 동포의 아픔을 그냥 지나쳐서는 안 되네. 어떤 대가를 치르더라도 말일세. 난 당연히 내가 해야 할 일을 한 것뿐이라네. 그러니 어서 가게."

"네, 잘 알겠습니다. 이 은혜를 꼭 잊지 않고 열심히 살겠습니다."

청년은 노인의 말을 듣고 깊이 깨달았다. 그래서 집으로 돌아간 후 청년은 열심히 일하여 돈을 많이 벌었다. 그리고 그 돈을 유대인을 돕는 데 모두 썼다.

❖ 조국은 어머니보다도 아버지보다도 또 그밖의 모든 조상들보다도 더욱 귀하고 더욱 숭고하고 더욱 신성한 것이다. 우리는 조국을 소중히 여기고 조국에 순종해야 한다.

- 소크라테스

사랑, 함께 웃을 수 있는 마법입니다

감사의 기도

어떤 이가 사막을 여행하고 있었다. 그는 오랫동안 여행을 하여 굶주림과 갈증에 시달리고 몹시 지쳐 있었다. 더 이상 한 걸음도 옮길 수 없을 만큼 지쳐 있을 때 그의 눈 앞에는 믿기지 않게 오아시스가 나타나 있었다.

"이게 꿈인가? 생시인가?"

또한 오아시스 옆에는 커다란 과일 나무가 넓은 그늘을 만들고 서 있었다. 그는 그곳에 도착하자마자 나무 열매를 따서 허겁지겁 먹었다. 그리고 시원한 물로 갈증을 풀자 그제서야 정신이 들었다.

"아, 이렇게 달콤한 휴식이 또 있을까?"

시간이 조금 지나 그는 여행을 계속하기 위하여 다시 길을 떠났다. 떠나기 전에 그는 시원한 그늘을 만들어 주고 굶주린 배를 채우게 해준 나무에게 고맙다고 작별 인사를 했다.

"나무야, 지치고 굶주린 나를 편히 쉬게 해주어서 정말 고맙다. 어떻게 고마운 마음을 전해야 할지 모르겠구나. 너에게 맛있는 열매가 맺도록 빌고 싶지만 너의 과일은 너무 달고 맛있어. 그리고 시원한 그늘을 만들라고 빌고 싶지만 너의 그늘은 이미 충분히 시원해. 네가 더욱 잘 자라도록 충분한 물이 있기를 빌고 싶지만 너에게는 이미 잘 자랄 수 있을 만큼 충분한 물이 있구나. 그러니 내가 너를 위해 할 수 있는 것은 오직 한 가지뿐이구나. 네가 더욱 많은 열매를 맺어 그 열매가 너와 똑같이 아름답고 훌륭한 나무로 자라기를 빌어 주마."

부자인데도 마음이 풍요로운 사람이 있다면 그 사람은 부자라서가 아니라 어떻게 하면 마음이 풍요로운지를 알기 때문이다.

— 한스 와그너

사랑, 함께 웃을 수 있는 마법입니다

신나는 장수

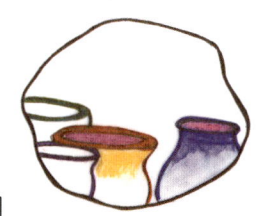

유대인들이라고 해서 모두 머리가 좋은 것은 아니다. 폴란드의 서쪽에 있는 헤름이라는 도시에 사는 유대인들은 특히 머리가 나쁘다는 말이 있다. 다음 이야기를 들으면 이 말을 이해할 수 있을 것이다.

어느 날, 이곳에 사는 유대인 베를르와 슈메룰르가 돈을 모아서 술을 한 통 샀다. 술을 팔기 위해서였다. 그런데 그것을 메고 거리를 돌아다니면서 팔자니 힘도 들고 목도 말랐다. 그러자 슈메룰르가 더 이상 못 참겠다는 듯이 이렇게 말하였다.

"이봐, 더 이상 못 참겠어. 여기 돈 있으니 내게 술 한 잔만 팔게나."

"그야 어렵지 않아. 돈만 낸다면 못 팔 것도 없지. 자, 술 여기 있네."

베를르는 슈메룰르가 내미는 돈을 받고 술을 한 잔 팔았다. 며칠이 지나자 날씨는 점점 무더워졌다. 두 사람이 비 오듯 흘러내리는 땀을 손수건으로 닦으며 술을 사라고 외치고 다녔지만 술을 사는 사람은 아무도 없었다. 술을 먹으면 더 열이 나기 때문이었다. 이번에는 베를르가 견딜 수가 없어 말했다.

"이봐, 슈메룰르. 돈 여기 있으니 내게 술 한 잔 팔게나!"

"좋지! 돈이나 내라고!"

잠시 뒤에는 슈메룰르가, 그 다음에는 베를르가 이렇게 서로 돈을 내고 술을 마셨다. 그러다 보니 술 항아리는 바닥을 드러내고 말았다. 그때 마침 그곳을 지나가던 사람이 그들을 보고 있다가 물었다.

"장사가 잘 되나 보구려."

"그럼요. 잘 되구말구요. 한 나절밖에 안 되었는데 술 항아리는 벌써 동이 났는데요. 외상없이 이렇게 현찰로 술 팔기는 오늘이 처음이라오. 하하하!"

❖ 괴로움이야말로 인생이다. 인생에 괴로움이 없다면 무엇으로 만족이라는 것을 얻을 것인가.

- 도스토예프스키

사랑 함께 웃을 수 있는 마법입니다

기차 안에서

멀리 여행을 하기 위해 기차에 탄 장교가 우연히 유대인과 마주 앉게 되었다. 유대인은 담배 케이스에서 담배 한 개비를 꺼내어 물더니 여유 있게 담배 케이스를 주머니에 집어 넣었다. 그런 다음 성냥불을 붙이려고 하였다.

그때, 장교가 유대인이 물고 있던 담배를 재빨리 빼앗아서 창 밖으로 던져 버렸다.

그러자 유대인이 화를 버럭 내면서 따졌다.

"아니, 여보시오. 이게 무슨 짓이오?"

"당신은 열차 안에서 금연도 모른단 말이오?"

"그러나 나는 아직 담배에 불도 붙이지 않았소."

"당신이 불을 붙이기 전에 내가 예방을 한 것이오."

유대인은 분했지만 참을 수밖에 없었다.

한참 후 이번에는 장교가 신문을 읽으려고 펼쳐 들었다.

그러자 유대인은 기다렸다는 듯이 신문을 빼앗아 창 밖으로 던져 버렸다.

장교는 화가 나서 목청껏 소리를 질렀다.

"이런 무례한 사람이 있나. 내 결코 용서하지 않겠다."

그러자 유대인은 엄숙한 표정을 지으며 말하였다.

"여러 사람이 탄 열차 안에서 배설을 하려 하다니 그게 말이나 됩니까?"

"아니, 내가 언제 배설을 하려 했단 말이오?"

"당신이 지금 배설을 하려고 신문을 펴지 않았소? 그래서 내가 미리 예방을 한 것이오."

사랑, 함께 웃을 수 있는 마법입니다

진정한 올바름

알렉산더 대왕이 군사들을 이끌고 이스라엘에 오자, 그를 본 유대인들이 대왕 주위에 모여 들었다. 그 중 한 사람이 대왕에게 물었다.

"대왕께서는 무엇을 가장 갖고 싶으십니까? 우리들이 가지고 있는 금은보화입니까?"

그러자 대왕이 대답을 하였다.

"금은보화라면 나에게도 얼마든지 있소. 나는 단지 당신 나라의 습관과 당신들에게 있어서 올바른 것이 무엇인가를 알고 싶을 뿐이오."

그러나 그것은 당장에 알 수 있는 일이 아니었다. 그래서 알렉산더 대왕은 올바름이 무엇인지를 알기 위해 이스라엘에 머물고 있었다.

그러던 어느 날, 두 사람의 유대인이 어떤 문제를 해결해 달라고 랍비를 찾아왔다.

"랍비님, 저희들의 이야기를 들으시고 부디 올바른 판단을 내려 주십시오."

"무슨 일입니까? 어서 말해 보시오."

랍비가 부드럽게 물었다. 그러자 그 중 한 사람이 말을 하기 시작했다.

"얼마 전에 저는 이 친구한테서 아주 헐값으로 쓰레기를 사 들였습니다. 그런데 그 쓰레기를 종류별로 나누어 정리하다 보니 그 속에서 금화가 나왔지 뭡니까?"

"그래서요?"

"아까 말씀드린 것처럼 저는 이 친구에게서 쓰레기를 산 것이지 금화를 산 것은 아니거든요. 그래서 돌려 주려고 했더니 막무가내로 받지 않겠다는군요."

그러자 쓰레기를 판 친구가 나서서 말을 하였다.

"선생님, 그 친구의 이야기만 믿으실 것이 아니라 제 이야기도 좀 들어 주십시오. 제가 판 것은 분명 쓰레기더미일 뿐입니다. 그러니 비록 쓰레기 더미에서 금화가 나왔다 해도 그것은 제 것이 아닙니다."

다시 두 사람은 금화가 자기 것이 아니라고 주장을 하였다. 두 사람의 이야기를 다 듣고 난 랍비는 골똘히 생각하더니 이렇게 말하였다.

"당신에게 딸이 있습니까?"

"네. 제게는 귀하게 기른 딸이 하나 있습니다."

한 사람이 대답을 하였다.

"당신에게도 자식이 있지요? 그 아이가 아들입니까?"

랍비가 다른 사람에게 물었다.

"네. 저에게는 씩씩하고 용감한 아들이 있습니다."

두 사람의 대답에 랍비가 활짝 웃으며 말했다.

"그렇다면 됐소. 아주 좋은 방법을 가르쳐 드리지요."

랍비는 잠시 두 사람을 보고는 말하였다.

"그러면 두 분의 딸과 아들을 결혼시키십시오. 그런 다음 그 쓰레기 속에서 나온 금화를 그 부부에게 주십시오. 그것이 가장 올바른 방법입니다."

그 뒤, 랍비는 알렉산더 대왕을 찾아가서 그 일을 이야기 한 다음 알렉산더 대왕에게 물었다.

"대왕님, 이런 경우 당신의 나라에서는 어떤 판단을 내리십니까?"

그러자 대왕은 간단히 대답을 하였다.

"만약 우리 나라에서라면 두 사람 다 죽이고 그 금화는 내가 갖겠소. 그것이 나로서는 가장 올바른 것이오."

❖ 신은 가끔 빵 대신 돌을 던지는데, 어떤 사람은 원망하며 그 돌을 걷어차다가 발가락 하나가 더 부러졌습니다. 하지만 또 어떤 사람은 그것을 주춧돌로 삼아 집을 짓기 시작했습니다.

— 데이빗 브린클린

사랑, 함께 웃을 수 있는 마법입니다

세상에서 가장 빨리 자라는 아이

어떤 사람이 유대인이 장사하는 옷가게에 와서 옷을 고르면서 말하였다.

"빨아도 줄거나 구겨지지 않아야 됩니다. 틀림없이 그런 옷감이겠지요?"

"손님도 무슨 말씀을 그렇게 하십니까? 우리 가게에서 파는 물건은 그런 싸구려가 아닙니다. 특히 지금 손님이 고르신 아이 옷은 최고급품으로 세탁한 다음에 다림질을 하지 않아도 됩니다."

주인의 말을 들은 손님은 흐뭇한 표정으로 그 옷을 사가지고 갔다. 그런데 열흘쯤 뒤에 그 사람은 아이를 데리고 다시 그 가게에 왔다. 아이가 입은 옷은 분명히 유대인 가게에서 사간 옷인데 길이가 짧고 품이 좁아서 마치 남의 옷을 빌려 입은 것처럼 보였다.

"이것 좀 보시오. 이 옷을 한 번 빨았더니 이렇게 되었소. 그런데 뭐 줄거나 구겨지지 않는 최고급품이라고요? 어떻게 그런 거짓말을 할 수가 있단 말이오."

유대인은 손님 말을 다 듣고 아이를 찬찬히 살펴보았다. 그리고는 놀랍다는 표정으로 말하였다.

"내 평생 많은 아이들을 보았지만 이렇게 귀엽고 빨리 자라는 아이는 처음 봅니다. 아니 열흘 전에는 꼭 맞던 옷이 벌써 이렇게 작아지도록 키가 커 버렸으니 이건 정말 놀라운 일입니다."

그 손님과 아이는 아무 말도 하지 않고 돌아갔다.

❖ 일단 무엇을 입을지를 정하고, 입었으면 다시는 옷에 대해 생각하지 말아라. 어울리지 않는 것은 아닐까, 어색하지는 않을까 하고 걱정을 하다 보면 행동이 부자연스러워진다. 입었으면 두 번 다시 생각하지 말고, 아무것도 몸에 두르지 않은 양, 기분 좋게 움직여라.

– 체스터 필드

미리 준비하는 마음

어느 날, 임금님은 하인들을 위해 성대한 잔치를 벌이겠다고 말했다. 그 동안 수고만 했으니 한 번쯤 기분을 북돋워 주어야겠다고 생각한 것이다. 그러나 임금님은 언제 그 잔치를 할 것인지는 말하지 않았다. 하인들 중에 아주 똑똑한 사람이 있었다.

"임금님께서 하시는 일이니 내일이라도 당장 우리들을 초대하실지 몰라. 그러니 미리 준비를 해야지."

그는 모든 준비를 하고 대궐 앞에서 기다렸다. 그러나 어리석은 하인은 똑똑한 하인의 말을 듣지 않았다.

"여보게, 나는 자네처럼 서두르지 않아도 괜찮다고 생각하네. 그렇게 큰 잔치를 준비하자면 많은 시간이 들 테니까."

이렇게 말하며 어리석은 하인은 아무 준비도 하지 않았다. 드디어 잔치가 시작되었다. 모든 준비를 하고 있던 똑똑한 하인은 곧 대궐 문으로 들어가 잔치에 참석할 수 있었다. 어리석은 하인은 잔치가 시작되었다는 말을 듣고 허둥지둥 서둘러 갔지만 문 밖에서 쫓겨나고 말았다. 워낙 법칙이 까다로워 아무리 애를 써도 때는 이미 늦었다.

미련한 하인은 대궐 문 밖에서 똑똑한 하인이 시키는 대로 하지 않은 것을 후회하였다. 우리들은 언제 하느님께 불려 갈지 모른다. 그때 가서 당황하지 않도록 미리 마음의 준비를 해야겠다.

최선을 다해 살아야 하는 것이 인생이다. 그러므로 항상 호기심을 지니고 있어야 한다. 무슨 이유로든지 결코 인생에 등을 돌리지는 마라.

- 엘리노어 루스벨트

사랑, 함께 웃을 수 있는 마법입니다

당신의 뜻대로

노름꾼 여럿이서 노름을 하다가 그 중에서 한 사람이 심장마비로 죽었다.

그러자 그들은 한 사람을 뽑아서 그의 가족에게 알리러 보냈다. 친구의 사망 소식을 전하러 가야 하는 친구는 정말 난감하였다. 자기들과 함께 노름을 하다 죽었다고 사실대로 말하면 친구 부인이 가만히 있지 않을 것이기 때문이다. 한참 고민을 하던 그는 일단 친구의 집으로 갔다. 초인종을 누르자 곧 부인이 나왔다.

"안녕하세요, 부인. 어제 저녁에 평소 자주 가던 술집에서 남편을 만났지요."

"그러면 분명 노름을 했겠군요?"

"네, 부인."

"분명 빈털터리가 되었겠군요."

"그 그렇습니다. 그런데 그 친구가 그만……."

"흥! 그래서 기가 죽었겠네요?"

"그렇지요. 그런데 부인 사실은……."

"아이고, 지겨워! 남편이 아니에요. 원수라니까요. 차라리 콱 죽어 버렸으면 내 속이라도 편할 텐데!"

"바로 그렇습니다. 부인! 하느님께서 부인의 뜻을 아시고 어제 저녁에 그 친구를 하늘나라로 데려갔습지요, 네."

❖ 어떠한 일의 슬픔이 크다기보다 그 슬픔을 두려워하는 마음이 더 커서 슬픔이 확대되고 있다. 사실 그 슬픔을 따져 보면 능히 견딜 만한 것인데, 그 사태에 대한 공연한 공포심 때문에 슬픔이 현미경처럼 확대되고 있다. 하늘은 견딜 수 없는 슬픔을 인간에게 주지는 않았던 것이다.

— J. H. D. 초케

사 랑 함 께 웃 을 수 있 는 마 법 입 니 다

갈비뼈 도둑

사람을 처음 만들 때 <성경> 책에는 다음과 같이 쓰여 있다. 하느님은 먼저 흙으로 남자를 만들었다. 그러나 그 남자는 너무 쓸쓸해 했다. 그래서 하느님은 한 사람을 더 만들기로 하였다. 하느님은 남자가 잠자는 틈을 이용하여 남자의 갈비뼈 하나를 몰래 꺼냈다. 그리고 갈비뼈에 흙을 발라 여자를 만들었다고 한다.

옛날 로마에 한 왕이 있었다. 왕은 이 이야기를 듣고 여자를 무시하게 되었다.

"여자는 겨우 남자의 갈비뼈로 만들어졌어!"

왕은 이렇게 말하며 자신이 남자라는 사실을 자랑스러워했다.

그러던 어느 날, 왕이 어떤 랍비의 집을 방문하게 되었다. 왕은 랍비의 가족들이 모인 자리에서 그 이야기를 꺼냈다.

"하느님은 도둑이오. 남자가 잠든 사이에 허락도 없이 갈비

뼈를 훔쳐 갔으니 말이오."

모두들 기분이 좋지 않았지만 그 얘기를 듣고 가만히 있었다. 그러나 가만히 듣고 있던 랍비의 딸이 말을 하였다.

"전하, 부탁이 있습니다. 전하의 부하 한 사람만 빌려 주십시오."

왕은 영문을 몰라 이유를 물었다.

"아니, 무슨 일이냐?"

"사실은 저희 집에 도둑이 들었습니다. 그런데 무언가 이상한 점이 있어서 전하의 부하를 시켜서 알아보려고요."

왕은 안 됐다는 듯이 말을 하였다.

"그것 안 됐구나. 그런데 도둑이 무엇을 훔쳐 갔느냐?"

"도둑은 보잘것없는 작은 항아리를 훔쳐 갔습니다. 그 대신에 금으로 된 그릇을 두고 갔습니다. 어찌 된 일인지 너무나 궁금해서요."

이 말을 들은 왕은 깜짝 놀랐다.

"뭐, 그런 도둑이 있다고? 그것은 조사해 볼 것도 없다. 훔쳐 간 물건보다 좋은 물건을 두고 갔는데, 그걸 도둑이라고 할 수는 없지 않겠느냐?"

그러자 랍비의 딸이 기다렸다는 듯이 말을 하였다.

"그렇죠, 전하? 그런 사람을 도둑이라고 할 수는 없겠죠?"

왕은 고개를 끄덕였다.

"그러하니 하느님을 어떻게 도둑이라고 하겠어요? 하느님은 남자의 갈비뼈 한 개를 몰래 꺼낸 대신에 이렇게 지혜롭고 아름다운 여자를 만들어 주셨잖아요."

랍비의 딸이 말을 하였다.

왕은 똑똑하고 야무진 랍비의 딸을 칭찬하였다. 그리고 경솔했던 자신의 행동을 반성하였다.

❖ 가장 아름다운 주제들은 당신 앞에 있습니다. 그것은 바로 당신이 가장 잘 알고 있는 것들입니다. 중요한 것은 감동받고, 사랑하고, 희망을 가지고, 전율하며 산다는 것입니다.

— 로댕

세 살 때부터 배우는 유대인

나라를 잃고 세계 곳곳에 흩어져 살던 유대인이 온갖 고통을 당하면서도 살아 남을 수 있었던 가장 큰 힘은 바로 교육이다. 유대인들은 아이가 세 살이 되면 <탈무드>를 공부하게 하고, 아이에게 처음으로 <탈무드>를 읽힐 때에는 부모는 반드시 꿀 한 방울을 책장에 떨어뜨린다. 그리고는 아이가 거기에 입을 맞추게 한다. 그렇게 함으로써 아이들이 <탈무드>에 애착을 가지게 된다.

그리고 부지런히 배우는 것이 살아가기에 얼마나 소중한 일인지도 배우게 된다.

유대인들은 어려서부터 이 책을 배움으로써 어떤 문제에 부딪혔을 때 그 문제를 해결하는 방법을 찾는 힘을 기르게 된다.

유대인들의 속담에 '자식에게 물고기 한 마리를 주기보다는 물고기 잡는 법을 가르쳐라' 라는 말이 있다. 자녀들의 어려운 문제를 직접 해결해 주기보다는 그 문제를 해결할 수 있는 방법을 익힐 수 있도록 가르쳐야 한다는 말이다.

이처럼 <탈무드>는 단순히 지식을 가르치기만 하는 것이 아니라 머리를 쓰는 법을 가르쳐 주는 것이다. 따라서 유대인들은 <탈무드>를 일상 속에서 매일매일 연구하고 공부하는 전통을 가지고 있다.

이와 같이 <탈무드>를 공부하는 습관이 일상생활 속에서 깊숙이 뿌리내림으로써, 유대인들은 정신적 기둥이 되는 이 책을 통해 그 어떤 어려움도 참고 이겨낼 수 있었던 것이다.

❖ 사람들이 나보고 언제부터 역사학자가 되었느냐고 묻습니다. 그럴 때마다 나는 4살 때부터라고 대답합니다. 내가 4살 때부터 어머니는 침대 곁에서 역사 속의 여러 가지 이야기를 들려 주셨지요. 그때부터 나는 예비 역사학자가 되어 있었던 것입니다.

— 아놀드 토인비

어느 랍비의 유서

사랑하는 내 아들아!

책을 너의 정다운 벗으로 삼아라.

책꽂이나 책장을 네 기쁨의 밭, 기쁨의 정원으로 가꾸어라.

책의 낙원에서 훈훈한 향기를 느껴라.

지식의 고귀한 열매를, 그리고 장미를 네 자신의 것으로 만들어라.

지혜의 꽃다운 향기를 맡아 보아라.

만일 네 영혼이 충만하거나 피로해 있다면 정원에서 정원으로, 이랑에서 이랑으로 이곳 저곳 풍경을 감상해 보아라.

그리 되면 새로운 기쁨이 용솟음치고 네 영혼은 희망에 차 도약할 것이다.

사랑, 함께 웃을 수 있는 마법입니다

바보가 되는 부모

어떤 남자가 다음과 같이 유서를 썼다.

'나의 유산을 내 아들에게 모두 물려 준다. 단, 아들이 아주 바보가 되지 않으면 유산을 물려받을 수 없다.'

이 소식을 들은 랍비가 남자를 찾아와서 말을 하였다.

"도대체 그게 무슨 소리요? 당신의 아들이 바보가 되지 않으면 재산을 주지 않겠다니?"

그러자 남자는 갈대를 입에 물고 이상한 울음소리를 내면서 고개를 숙이고 마루 위를 기어 다니기 시작했다. 그가 말한 속뜻은 아들에게 자식이 생겨서 그 자식을 기르게 되면 자기 재산을 물려 주겠다는 것이다.

'자식이 생기면 부모는 바보가 된다'는 속담이 여기에서 생겨났다.

유대인에게 자식은 매우 귀중한 존재이며, 부모는 자식을 위하여 모든 것을 희생한다.

하느님은 유대 민족에게 십계명을 내려 주면서 유대인이 반드시 그것을 지키겠다는 다짐을 받으려고 했다. 유대인은 먼저 유대인 최초의 위대한 조상 야곱의 이름으로 맹세하고자 하였으나 하느님은 이를 허락하지 않았다. 그래서 유대인의 손에 들어오는 모든 재산을 걸고 맹세하려고 했으나 역시 허락을 받지 못했다.

다시 유대가 낳은 모든 철학자의 이름으로 맹세하고자 하였으나 역시 거절당했다.

마지막으로 자식들에게 십계명을 반드시 전해 줄 것이므로 그 자식들의 이름으로 맹세한다고 하자, 하느님은 비로소 허락을 하였다.

❖ 열 명의 자식을 양육하는 아버지가 있다. 한 분인 아버지를 모시지 않는 열 명의 자식도 있다.

― 법구경

우화

더불어 살아야 하는 깨우침입니다.

제일 아픈 상처

 어느 날 뱀이 맛있는 점심을 먹고 있었다.
 "냠냠냠, 아 맛있다! 점심으로는 이런 싱싱한 생쥐가 최고야!"
 오늘 점심은 뱀이 제일 좋아하는 생쥐였다. 뱀은 생쥐 한 마리를 꿀꺽 삼켜 버렸다.
 뱀은 먹이를 먹을 때 씹어먹는 법이 없고 꿀꺽 삼켜 버리고 만다.
 그때 독수리 한 마리가 먹이를 찾기 위해 하늘을 날고 있었다.
 "저 녀석 내가 먹을 생쥐를 먼저 먹어 버렸군."
 뱀이 점심 먹는 것을 바라보던 독수리는 땅으로 내려와 뱀에게 물었다.

"뱀아, 너는 음식을 이상하게 먹는구나. 사자는 먹이를 쓰러뜨리고 나서 잡아먹고, 늑대는 먹이를 찢은 다음에 먹는데 너는 먹이를 통째로 삼켜 버리다니 너는 욕심쟁이야."

그러자 뱀이 웃으며 말했다.

"독수리야, 그것이 뭐가 이상하니? 그래도 나는 남을 헐뜯는 사람보다 낫다고 생각해. 입으로는 남에게 상처를 입히지 않거든."

❖ 내가 남에게 일어나는 일을 보듯이 나 자신에게 일어나는 일을 제대로만 볼 수 있다면……

— 패트

지도자

뱀의 꼬리는 항상 머리 뒤에 달라붙어 따라다니게 마련이다. 어느 날, 마침내 꼬리가 불만을 표시하며 머리를 향하여 말하였다.

"어째서 나는 당신 부속물처럼 달라붙어 다녀야 하며, 당신이 언제나 내 대신에 의견을 말하고, 가는 방향도 정하는가? 이것은 정말 불공평하다. 나는 뱀의 일부분인데도 언제나 노예처럼 달라붙어 따라다니기만 하니 말도 안 돼."

머리가 대꾸했다.

"아니, 무슨 말을 하는 거야. 너에게는 앞을 볼 눈도 없고, 위험을 알아차릴 귀도 없으며, 행동을 결정할 두뇌도 없지 않은가? 나는 절대 내 자신을 위해서 하는 것이 아니야! 너를 진정으로 생각하기 때문에 언제나 너를 안내하는 것이야!"

그러자 꼬리는 큰 소리로 비웃으며 대답했다.

"그런 말은 이제 짜증이 난다. 어떤 독재자나 어떤 압정자라도 모두 따르는 자를 위하여 하고 있다는 말을 구실로 제 마음대로 하고 있지 않느냐."

머리가 말했다.

"그렇게 불만이 있으면 네가 해보아라."

그러자 꼬리는 좋아하며 신나게 앞으로 움직이기 시작했다. 그러나 바로 도랑에 떨어져 버렸다. 머리가 고생한 끝에 간신히 도랑에서 빠져나올 수 있었다. 드디어 조금 나아가자 꼬리는 가시투성이 관목 속으로 들어가 버렸다. 그러나 꼬리는 애를 쓰면 쓸수록 가시덤불 속에서 더욱 더 끼어서 움직일 수 없었다. 간신히 머리의 도움으로 상처를 입고 가시덤불에서 나올 수가 있었다. 꼬리가 앞장서서 가자 이번에는 불타고 있는 불 길 속에 들어가 버렸다. 점점 몸이 뜨거워지고 별안간 주위가 캄캄해지자 뱀은 무서워지기 시작했다. 다급해진 머리가 필사적으로 구해내려고 했다. 그러나 때는 이미 늦었다. 몸은 불타고 머리도 함께 죽어 버렸다. 이 머리는 결국 꼬리에 의해서 희생된 것이다.

지도자를 선택할 때는 언제나 머리를 선택하여야 하며, 꼬리와 같은 자를 선택해서는 안 된다.

좋은 일

랍비 힐렐이 아주 바쁘게 걸어가고 있었다. 어찌나 빠르게 걷는지 제자들이 옆을 지나가도 모르고 걷고 있었다.

"선생님께 어떤 일이 생겼나 봐. 바쁘게 어디를 가시는 걸까?"

제자들은 이상하게 생각하여 랍비 힐렐을 쫓아가 물었다.

"선생님, 급한 일이라도 생기셨나요? 어찌하여 그렇게 바쁘게 가시죠?"

랍비 힐렐이 대답했다.

"좋은 일을 하려고 가는 중이라네."

"좋은 일이라고요, 선생님? 그럼 저희가 함께 가도 괜찮습니까?"

제자들은 선생님이 어떤 좋은 일을 하는지 궁금하였고 그래서 따라가기로 하였다.

랍비 힐렐도 기꺼이 승낙을 하였다. 랍비 힐렐이 좋은 일을 하기 위해 찾아간 곳은 과연 어디였을까? 그곳은 생각지도 않은 목욕탕이었다. 목욕탕에 간 랍비 힐렐은 목욕하는 데만 열중하였다. 제자들은 선생님의 행동을 계속 쳐다보며 좋은 일을 하시기만 기다렸다. 그러나 랍비 힐렐은 목욕만 계속 하고 있었다. 기다리다 못한 제자가 물었다.

"선생님, 좋은 일은 도대체 언제 하실 겁니까?"

이제야 힐렐이 제자들을 보며 말했다.

"지금 하고 있는 중이라네."

제자들은 아무리 궁리를 해보아도 도대체 착한 일이 무엇인지 알 수가 없었다. 서로 얼굴만 쳐다보고 있었다. 그런 제자들의 모습이 우스워서 힐렐이 껄껄껄 웃으며 다음과 같이 말했다.

"사람이 자신의 몸을 깨끗이 한다는 것은 정말 좋은 일이라네. 로마 사람들을 보게나. 그 사람들은 동상을 아주 깨끗이 하는 데 많은 정성을 쏟지. 그러나 사람이 동상을 씻는 것보다 자신을 깨끗이 씻는 것이 훨씬 더 좋은 일이라네."

가장 좋고, 가장 나쁜 것

어느 랍비가 하인에게 시장에 가서 무엇인가 맛있는 것을 사오라고 시켰다. 하인은 혀를 사 왔다.

이틀 뒤 랍비는 같은 하인에게 오늘은 싼 음식을 사오도록 했다.

그러자 또 혀를 사 왔다. 그러자 랍비는 말했다.

"내가 너에게 맛있는 것을 사오라고 했는데도 혀를 사왔고, 오늘은 맛있지 않아도 좋으니 싼 음식을 사오라고 해도 또 혀를 사왔다. 어찌 된 일인가?"

그러자 하인은 당당하게 말했다.

"혀가 좋으면 그보다 좋은 것이 없고, 또 나쁘면 그보다 나쁜 것은 없습니다."

인생을 잘 사는 비결

장사꾼이 거리를 걷고 있었다.

그는 큰 소리로 이렇게 외치고 다녔다.

"인생을 참답게 사는 비결을 살 사람 없습니까?"

온 동네 사람들이 인생의 비결을 사려고 모여 들었다. 그 중에는 랍비도 있었다.

모두 모여들어 서로 "내가 사겠다!"고 나섰다.

장사꾼은 말했다.

"인생을 참답게 사는 비결이란 자기 혀를 조심해서 쓰는 것이오."

때로는 부드럽게 때로는 딱딱하게

어느 랍비가 학생들에게 만찬을 베풀었다. 소의 혀와 양의 혀 요리가 나왔는데, 그 혀 중에서 딱딱한 혀와 부드러운 혀가 있었다. 학생들은 다투어 부드러운 혀를 먹으려고 했다.

그때 랍비는 학생들을 향해 말했다.

"여러분들도 자신의 혀를 언제나 부드럽게 해두시오. 딱딱한 혀를 갖고 있는 인간은 사람을 노하게 하거나 불화를 초래할 거요."

◆ 입씨름은 누구나 할 수 있는 게임이다. 하지만 결코 양쪽 모두 이길 수 없는 기묘한 게임이다.

- 벤자민 프랭클린

우화 더불어 살아야 하는 깨우침입니다

과일 먹는 방법

키가 아주 작은 사람과 아주 큰 사람이 있었다. 두 사람은 매우 친한 친구 사이였다. 어느 태양이 뜨겁게 비추는 날이었다.

"이보게, 여기는 너무 덥고 지루하니 우리 좀 더 넓은 세상을 보고 오는 게 어떻겠나?"

키가 큰 친구가 말했다.

키가 작은 친구가 잠시 생각하더니 대답하였다.

"그거 참 좋은 생각이군. 여기 일은 잠시 잊고, 세상 구경을 한다는 것도 좋은 경험이 될 거야."

이렇게 해서 둘은 함께 여행을 떠나게 되었다. 여행은 많은 것을 배우고 즐길 수 있는 기회가 되기 마련이다. 그러나 때론 힘든 일도 생기기 마련이다. 여행을 하던 두 친구는 깊은 산 속을 헤매다 그만 가던 길을 잃어 버렸다.

가도 가도 끝없이 울창한 숲만 보였다.

"아이고 힘들어, 좀 쉬었다 가세. 난 다리가 아파서 더 이상 못 가겠네."

키 큰 친구가 주저앉으며 말하였다.

"여보게, 여기서 주저앉으면 어떡하나? 날이 어둡기 전에 어서 마을을 찾아 내려가세."

빨리 마을로 내려가는 길을 찾아야 한다는 생각에 키 작은 친구는 잠깐도 쉴 수가 없었다. 키 작은 친구가 키 큰 친구의 짐까지 지고 걷기 시작했다.

"아이고, 배고파. 도저히 못 걷겠네. 어디 먹을 것 좀 찾아보세."

키 큰 친구는 털썩 주저앉으며 말했다. 그러나 아무리 가방을 뒤져 보아도 먹을 것은 없었다. 가지고 있던 식량은 이미 다 먹어 버렸고 물 한 방울도 남지 않았다.

"어디 이 근처에 먹을 것이 있나 찾아보자."

키 작은 친구도 더 이상 걸을 수가 없었다. 그래서 두 친구는 먹을 것을 찾아보기로 하였다.

"어, 저기 집이 있다."

잠시 후 두 사람은 어느 외딴집 한 채를 발견하고 그 외딴집을 향해 뛰기 시작했다.

"헉헉헉. 실례합니다."

"아무도 안 계십니까?"

그러나 어찌 된 일인지 아무리 큰 소리로 불러 보아도 주인은 나오지 않았다.

"어휴 겨우 찾았는데 빈 집이라니."

키 큰 친구가 투덜거리며 대문을 주먹으로 쾅 쳤다. 그런데 잠겨 있는 줄 알았던 문이 삐그덕 하며 열렸다. 둘은 얼른 집 안으로 들어가 보았다. 그러나 집 안에는 아무도 없었다. 누군가 이 집을 버리고 간 것이었다. 그러니 아무리 찾아보아도 먹을 게 있을리가 없었다. 너무나 실망한 두 친구는 방바닥에 벌러덩 드러누웠다.

"이왕 이렇게 됐으니 좀 쉬기라도 하세."

두 친구는 잠시 눈을 붙였다. 그리고 얼마나 잤을까. 배가 너무 고파서 더 이상 잠을 잘 수가 없었다. 그런데 눈을 뜬 키 큰 친구가 갑자기 벌떡 일어나더니 소리를 쳤다.

"저기 좀 봐. 천장을 좀 보라고."

키 작은 친구도 일어나 천장을 쳐다보았다. 천장에는 바구니가 하나 매달려 있었는데 그 안에는 말린 과일들이 가득 담겨 있었다.

"야! 드디어 먹을 것을 찾았다."

두 친구는 너무 기뻐 서로 얼싸안았다. 그러나 그 기쁨도 잠

시였다.

"그런데 저렇게 높은 곳에 있는 걸 우리가 어떻게 먹지?"

이 집은 다른 집과는 달리 천장이 매우 높았다. 키 큰 친구가 아무리 높이 뛰어보아도 잡을 수가 없었다. 키 큰 친구는 더욱 실망을 했다.

"차라리 집에서 편안히 있을 걸. 눈 앞에 먹을 걸 두고도 먹지 못하다니. 아이고 배고파."

키 큰 친구는 너무 화가 나서 그냥 나가 버렸다. 그러나 키 작은 친구는 달랐다. 아까부터 앉아서 무엇인가를 깊이 생각하고 있었다.

'저 과일이 비록 높은 곳에 있지만 먹을 수 없는 건 아니야. 왜냐하면 과일이 저곳에 있다는 것은 누군가가 매달았다는 것이잖아. 매달 수 있었다면 우리도 꺼낼 수 있다는 거지.'

이렇게 생각한 키 작은 친구는 온 힘을 다해서 집 안을 샅샅이 뒤지기 시작했다.

"찾았다, 찾았어!"

키 작은 친구는 헛간에서 무엇을 찾아내었다. 바로 그것은 사다리였다. 키 작은 친구는 너무 좋아서 팔짝팔짝 뛰었다. 비록 그 사다리가 낡은 것이었지만 천장까지 닿을 수 있었다. 키 작은 친구는 사다리를 방으로 가져와서 한 발씩 한 발씩 천장으로 올라갔다.

"야호! 이렇게 맛있는 과일은 이 세상 어디에서도 찾을 수 없을 거야."

키 작은 친구는 맛있는 과일을 배 불리 먹고 나서 여행을 떠날 수 있었다.

❖ 시도하라. 만일 그 일을 시도하지도 않는다면 당신은 성공할 수 있는 기회를 100% 놓치게 되는 셈이다.

– 웨인 그레츠키

마법의 사과

어떤 임금님이 외동딸을 두고 있었다. 그 딸이 무서운 병에 걸려 어떤 약을 써도 고칠 수 없었다. 의사는 신약을 먹지 않는 한 살 수가 없다고 하였다. 그래서 임금님은 자기 딸의 병을 낫게 하는 자에게 딸을 주고, 다음 왕으로 삼겠다는 포고문을 내렸다.

그런데 아주 먼 변경 지방에 세 형제가 살고 있었는데, 큰형이 망원경으로 포고문을 보았다. 그녀를 동정하여 어떻게 해서든지 그녀의 병을 낫게 해주자고 하였다. 둘째 형은 마술 융단을 가지고 있었고, 또 셋째는 마술 사과를 가지고 있었다. 마술 사과는 먹기만 하면 무슨 병이라도 낫게 할 수가 있었다.

그래서 세 사람은 마술 융단을 타고 가서 공주에게 사과를 먹이자 공주의 병은 깨끗이 나았다. 모두들 대단히 기뻐하며, 임금님은 큰 잔치를 베풀어서 새로운 왕위 계승자를 발표하려고 하였다. 그러자 맨 위의 형이 입을 열었다.

"나의 망원경이 없었더라면 우리들은 공주가 아픈 사실도 모르지 않았겠느냐!"

둘째 형은 마술의 융단이 없었더라면 도저히 이렇게 먼 곳까지 올 수가 없다고 말하였고, 셋째는 만약 사과가 없었더라면 병은 낫지 못했을 것이라고 말했다.

결국 왕은 누구에게 공주를 시집보냈을까? 사과를 가지고 있던 사나이이다. 왜냐하면 융단을 가지고 있던 사나이는 아직 융단을 가지고 있으며, 망원경을 가지고 있던 사나이도 아직 망원경을 가지고 있다. 그러나 사과를 가지고 있던 사나이는 사과를 바쳐 버렸기 때문에 그 자신은 아무것도 가지고 있지 않았다. 그 사나이는 그의 귀중한 모든 것을 바쳤기 때문에 그에게 공주를 시집보낸 것이다.

> 성공은 그 결과로 재는 것은 아니다. 그것은 소비한 노력의 총 합계도 재야 한다.
>
> — 에디슨

쉴 줄 아는 소

옛날에 소를 키우는 농부가 있었다. 농부는 매일 소를 끌고 가서 열심히 일을 했지만 안식일에는 꼭 잊지 않고 쉬게 했다. 이 날만큼은 자기 자신도 쉬고, 소도 쉬게 하며 한가롭게 풀을 뜯거나 물을 마시게 하였다. 그러던 농부는 형편이 어려워져 소를 팔게 되었다.

"소야, 잘 가거라. 그동안 열심히 일을 했다. 그곳에 가서도 부지런히 일을 해야 한다."

농부는 소의 등을 두드리며 슬퍼하며 말했다.

그러나 소를 새로 산 주인은 안식일이라고 해서 쉬게 하지 않았다. 하루도 쉬지 않게 하고 자나 깨나 논일 밭일을 하게 하였다.

"이랴! 이랴! 이놈의 소가 오늘은 꼼짝도 않는 거지?"

소를 새로 산 주인은 움직이지 않는 소를 달래기도 하였다.

"자, 소야. 밭 한 이랑만 갈면 맛있는 여물을 주겠다."

그래도 소가 말을 듣지 않자 마침내 화가 난 주인은 소에게 소리를 치고 발길질을 했다.

"이렇게 고집 센 소는 이 세상에서 처음 보았소. 내 힘으로 부리기 힘드니 도로 가져 가시오."

소를 새로 산 주인은 옛 주인을 불러 따졌다.

"그럴 리가 없습니다. 이 소는 일을 무척 잘 하는 소인데요."

소의 옛 주인은 믿지 않았다.

"모르겠습니다. 저희는 일이 많아 쉬는 날 없이 일할 수 있는 소가 필요해서 샀는데, 도무지 꼼짝도 하지 않으니 당할 도리가 없습니다."

그제서야 소의 옛 주인은 고개를 끄덕이며 외양간으로 갔다.

'안식일마다 쉬는 것이 버릇이 되었군'

소의 옛 주인은 외양간에 누워 있는 소의 옆으로 가서 무엇인가 소곤소곤 속삭였다.

"소야, 우리 집에서는 안식일마다 쉬었지만, 새 주인은 유대인이 아니라서 안식일에도 쉬지 않는단다. 이제 새 주인을 만났으니 새 주인의 뜻을 따라야 한다."

옛 주인이 말을 끝내자 소는 자리에서 일어나 일 할 자세를 하였다.

이 모습을 본 새 주인은 깜짝 놀라서 물었다.

"정말 놀랍군요. 도대체 소에게 무어라 말했길래 소의 태도가 바뀐단 말이오. 저에게도 그 방법을 알려 주시오."

소의 옛 주인이 사정 이야기를 해주자 새 주인은 감탄하여 말하였다.

"세상에 쉴 줄 아는 소가 있다니! 정말 놀라운 일입니다. 저도 안식일에는 앞으로 소를 쉬게 하겠습니다."

그런 일이 있은 후 소의 새 주인은 안식일에는 꼭 쉬게 하였다. 자신도 함께 쉬면서 다음 일을 준비하였다.

❖ 누군가와 관계를 맺는다는 것은 내가 그를 위해서 기꺼이 시간을 내줄 수 있다는 것이다.

— 생텍쥐페리

우와, 더불어 살아야 하는 깨우침입니다

힘이 센 혀

어떤 나라의 임금님이 큰 병에 걸렸다.
"어서, 의사를 불러라."
의사는 임금을 진찰하고는 매우 고민스러운 얼굴로 말을 하였다.
"큰일났습니다. 임금님의 병을 낫게 하려면 사자의 젖을 구해 마시게 해야 합니다."
의사의 말을 들은 임금님은 사자의 젖을 구해 오도록 하였다.
"사자의 젖을 구하여 오는 사람에게는 큰 상을 내리겠다."
이 소문은 얼마 지나지 않아 온 나라 안에 퍼졌다.
"임금님께서 정말 상을 내리실까?"
"상이 목숨보다 대단할까? 사나운 사자의 젖을 짜오라니, 만약 잘못하면 사자에게 잡히고 말거야."

사람들은 두려워하여 사자의 젖을 구해 오려고 하지 않았다.

"아무도 하지 않으니, 내가 하는 수밖에 없군."

용감한 사나이가 사자가 사는 동굴로 찾아 갔다. 그리고 이 사람은 날마다 아기 사자들과 놀아 주었다. 얼마 후, 드디어 어미 사자의 젖을 구할 수 있었다.

"아휴, 이제 숨 좀 돌리고 가자. 이제 남은 것은 임금님께 상 받을 일만 남았네."

사나이는 나무 그늘에 누워 이런 저런 생각을 하다가 깜빡 잠이 들고 말았다.

그 사이 몸의 부분 부분들이 누구의 공이 컸는지 따지기 시작했다.

제일 먼저 발이 뽐내어 말하기 시작했다.

"내가 아니었으면 아마 사자의 동굴까지 가지도 못했을 거야."

그러자 눈이 지지 않고 말하기 시작했다.

"그런 소리 하지 마. 만약 내가 아니었다면 사자의 동굴을 찾을 수 있었겠어?"

잠시 후 옆에서 듣기만 하던 혀가 말했다.

"너희들이 아무리 자랑을 해도 내가 최고야!"

"뭐라고? 볼품도 없고 뼈도 없는 주제에 네가 최고라구? 아이고 우스워라."

눈, 발, 손, 귀가 동시에 웃음을 터뜨렸다.

"너희들 나를 비웃었지. 어디 두고 보자!"

혀는 매우 화가 났다.

얼마 뒤 사나이는 잠에서 깨었다.

"벌써 시간이 이렇게 지났나? 빨리 서둘러야겠군."

사나이는 빨리 걸어 궁전에 도착을 하였다.

"자네는 매우 용감하도다. 사자의 젖을 구해 오다니."

임금님은 그 사나이를 매우 칭찬하였다. 그러자 화가 난 혀가 갑자기 말을 하였다.

"임금님, 그것은 사자의 젖이 아닙니다. 그것은 개의 젖입니다."

"무엇이라고? 개의 젖을 사자의 젖이라고 속였다고. 당장 이놈을 사형에 처하여라."

화가 난 임금님은 소리를 쳤다.

"혀야, 너의 힘이 정말 이렇게 센 줄 몰랐다."

"그래, 정말 미안하구나."

발, 눈, 손, 귀 등 몸 여러 부분이 혀에게 사과를 하였다.

"죄송합니다, 임금님. 이것은 사자의 젖이 분명합니다. 제가 너무 긴장을 해서 실수를 했습니다."

혀는 얼른 바꾸어 말을 하였다.

"내가 먹어 보면 알 수 있을 것이다. 이것이 사자의 젖이 맞는다면 나의 병은 나을 것이다."

임금님이 사자의 젖을 먹자 병이 씻은 듯이 나았다. 그리하여 사나이에게 임금님은 큰 상을 내렸다.

❖ 인간은 어리석게도 자기 손에 있는 것은 정당한 평가를 하지 못한다. 그러나 일단 그것을 잃게 되면 그제야 값을 매겨 보려고 한다.

– 셰익스피어

우화, 더불어 살아야 하는 깨우침입니다

주인을 구한 개

어느 마을에 아주 귀여운 강아지 한 마리가 살고 있었다. 그 강아지는 아주 화목한 가정에서 살고 있었다. 그리고 온 집안사람으로부터 귀여움을 받고 있었다. 그러던 어느 날이었다. 식구들이 모두 잔치에 가게 되었는데 강아지는 데리고 갈 수가 없는 곳이었다. 그 집 아들이 강아지를 안아 주며 말하였다. 그 아들은 식구들 중에서도 강아지를 제일 좋아했기 때문이다.

"곧 돌아올테니 집 잘 보고 있어라. 내가 맛있는 것 많이 가지고 올게."

강아지는 꼬리를 흔들며 아들에게 대답을 하였다. 모두 식구들이 나가자 강아지는 집안을 한 바퀴 둘러보았다. 집은 아주 정리 정돈이 잘 되어 있었다. 강아지는 바로 앉아서 주인이 돌아오기를 기다렸다. 얼마나 지났을까. 어디에서 이상한 소리가 들렸다.

쉬익쉭!

그것은 바로 뱀이었는데 아주 무서운 독뱀이었다.

멍멍멍!

강아지는 뱀을 쫓아 버리려고 무섭게 짖었지만 소용이 없었다. 뱀이 우유가 담겨 있는 통 안으로 들어가 버렸다. 뱀의 몸에 있던 독이 순식간에 우유 속에 퍼지고 말았다. 한참 후에 식구들이 돌아왔지만 어느 누구도 우유에 독이 퍼져 있다는 사실을 몰랐다.

"아, 목이 마르네. 우유나 좀 마실까?

집에 돌아온 아들이 제일 먼저 우유를 마시려고 하였다.

'멍멍멍!'

이것을 본 강아지는 가만히 있을 수가 없어서 아주 크게 짖어대기 시작했다.

"도대체 왜 그러니? 너답지 않게."

우유를 마시려던 아들이 강아지를 달래며 말을 했다.

"아, 미안하구나. 내가 너무 늦게 돌아와서 화가 난 모양이구나. 그 대신에 내일은 너랑 하루 종일 놀아줄게."

그 아들이 아무리 아들을 달래도 강아지는 진정하지 않고 여전히 사납게 짖어대기만 하였다. 이유를 알 수 없는 식구들은 영문을 몰라 강아지를 야단치기 시작했다.

"너 우리 식구들이 너무 귀여워 해 주었더니 버릇이 없어졌구나. 오늘부터 방 안에서 함께 너를 재우지 말아야겠다."

화가 난 어머니는 큰 소리로 꾸짖었다. 강아지는 이제껏 아들과 한 방에서 지냈었는데 이제 방에서 쫓겨나게 되었다. 그래도 강아지는 계속 짖어댔다.

아들이 컵에 들어 있는 우유를 마시려고 입으로 가려는 순간, 바로 그때 강아지가 아들에게 빨리 뛰어 올라 컵을 떨어뜨렸다. 우유는 전부 바닥에 쏟아졌다.

어머니는 몹시 화가 났다.

"이런 버릇없는 강아지! 도저히 말로 해서는 안 되겠다."

그래서 몽둥이를 찾으러 밖으로 나갔다. 강아지는 그 사이에 바닥에 쏟아진 우유를 핥아먹기 시작했다. 그리고 나서 강아지는 힘없이 늘어져 바닥에 축 늘어졌다.

"엄마, 강아지가 이상해요."

아들의 놀란 목소리에 깜짝 놀란 엄마는 뛰어 들어왔다. 그러나 그때 이미 강아지는 숨을 쉬지 않고 있었다.

"아들아, 이게 어찌 된 일이니?"

어머니는 너무 놀라 어찌 된 영문인지 도저히 알 수가 없었다. 그런데 그 아들이 우유 통 속을 보고서야 어찌 된 일인지 알 수 있었다.

"엄마, 여기 좀 보세요."
"아니, 이럴 수가?"

그 집 식구들은 모두 깜짝 놀랐다. 우유통 안에 뱀이 들어가 있는 것이었다. 강아지가 식구들을 위해 자신의 목숨을 버렸다는 것을 알고 또 놀랐다. 식구들은 강아지를 좋은 곳에 정성껏 묻어 주었다. 이 이야기를 들은 사람들도 그 강아지의 대단한 행동을 감탄하고 칭찬하였다.

❖ 잘못했다고 인정하는 것을 부끄러워할 필요는 없다. 그것을 바꾸어 말하면, 오늘은 어제보다 현명해졌다는 뜻이기 때문이다.

– 알렉산더 포프

우와 더불어 살아야 하는 깨우침입니다

거미와 모기와 미치광이

다윗 왕은 평소에 거미를 아주 싫어했다. 거미는 장소를 가리지 않고 아무 곳에서 집을 짓고 아무 짝에도 쓸모없는 하찮은 벌레라고 생각을 하였다. 그런데 이 거미 때문에 목숨을 구한 일도 있었다. 다윗 왕의 나라가 이웃 나라와 한창 전쟁 중일 때, 다윗 왕도 칼과 방패를 가지고 전쟁터로 나갔다. 그런데 다윗 왕이 적들에게 둘러싸이게 되었다. 그러나 아무리 주위를 둘러보아도 피할 곳이 없었다. 다윗 왕은 할 수 없이 근처에 있는 동굴 속에 숨었다. 적군들은 다윗 왕을 찾아 여기저기 분주히 돌아다녔다. 다윗 왕은 숨을 죽이고 가만히 있었다.

바로 이때, 어디선가 거미 한 마리가 나타나더니 동굴 입구에 얼기설기 거미줄을 치기 시작했다. 드디어 적군이 동굴 입구까지 왔다.

"혹시 이 안에 있는 게 아냐?"

"저기 봐. 거미줄이 쳐 있어. 만약 사람이 들어갔다면 거미줄이 망가졌을 거야."

동굴 밖에서 그렇게 말을 하고 돌아가는 소리를 들었다. 다윗 왕은 이렇게 하여 목숨을 구할 수 있었다.

"내가 그렇게 싫어하던 거미 덕분에 목숨을 구하다니!"

그리하여 다윗 왕은 그 날 이후로 아무리 하찮은 동물이라도 소중하게 생각하였다.

그리고 다윗 왕은 모기 때문에 목숨을 구한 일도 있었다. 어느 날, 다윗 왕은 적의 장군이 가지고 있는 칼을 훔쳐 오기로 하였다. 그러면 전쟁에서 이길 수 있었기 때문이다. 다윗 왕은 몰래 장군의 침실로 들어갔다. 그런데 적의 장군이 칼을 발 밑에 깔고 자는 것이었다. 다윗 왕은 고민에 빠졌다.

'저 칼을 어떻게 꺼낼까?'

다윗 왕은 고민을 하다가 그만 나오려고 하였다. 그러나 바로 그때 모기 한 마리가 날아와서 장군의 발을 콕 물었다.

"아이, 따가워."

모기에 물린 장군은 잠결에 모기를 손으로 치며 발을 움직였다. 이틈을 타서 다윗 왕은 무사히 칼을 훔쳐 돌아 올 수 있었다. 다윗 왕은 조그마한 모기 때문에 전쟁에서 이길 수 있었다.

그리고 몇 년 뒤 다윗 왕은 다시 전쟁터에 나가게 되었는데 적군에게 포위되어 꼼짝없이 죽게 되었다. 그때 다윗 왕은 한 가지 꾀를 생각해 냈다. 다윗 왕은 갑자기 큰 소리로 웃으며 자신의 옷을 찢으며 미친 사람처럼 행동하였다. 다윗 왕을 찾고 있던 적군은 그 미친 사람이 다윗 왕이라고는 생각도 못하고 그냥 가버렸다.

  이 세 가지 이야기에서처럼 이 세상에 쓸모없는 것은 없다. 아무리 하찮은 것이라도 무시해서는 안 된다.

쉽고 편안한 환경에서는 강한 인간이 만들어지지 않는다. 시련과 고통의 경험을 통해서만 강한 영혼이 탄생하고, 통찰력이 생기고, 일에 대한 영감이 떠오르며 마침내 성공할 수 있다.

— 헬렌 켈러

당나귀와 다이아몬드

옛날에 한 랍비가 제자들과 살고 있었다. 랍비는 매일 산에서 나무를 해서 팔아 겨우겨우 먹고 살았다. 그러던 중 돈을 열심히 모아서 당나귀를 한 마리 사게 되었다. 제자들은 랍비가 당나귀를 샀으므로 산에서 마을까지 더 빨리 갈 수 있을 거라고 생각을 하며 냇가에서 당나귀를 씻겨 주었다.

그런데 당나귀의 귀에서 다이아몬드가 나왔다.

"어, 웬 다이아몬드야?"

"진짜 다이아몬드잖아. 어, 이게 어찌 된 일이지?"

제자들은 빨리 돌아와서 랍비에게 말하였다.

"랍비님, 이것 좀 보세요. 당나귀 귀에서 다이아몬드가 나왔어요."

"랍비님, 우리도 이제는 부자가 된 거죠? 이제는 힘들게 일하지 않고 연구만 하실 수 있어요."

제자들은 기뻐서 어쩔 줄 몰랐다

그러나 랍비는 너무도 태연히 말을 하였다.

"그것은 우리 다이아몬드가 아니네."

"아니, 그게 무슨 말씀이세요? 이것은 랍비님이 사오신 당나귀 귀에서 나온 것입니다."

"나는 당나귀를 샀을 뿐이지 다이아몬드를 산 것이 아니네. 내가 산 것만을 갖는 것이 옳다고 생각하네. 어서 가서 다이아몬드를 돌려 주고 오세."

랍비와 제자들은 당나귀 장수를 찾아갔다.

제자들은 그 다이아몬드를 돌려 주기 싫었지만 어쩔 수가 없었다.

당나귀 장수 역시 깜짝 놀라 랍비에게 물었다.

"당신은 이 당나귀를 사 갔고, 이 당나귀에서 다이아몬드가 나왔는데 왜 제가 되돌려받아야 합니까?"

그러자 랍비는 대답을 하였다.

"내가 산 것은 당나귀요. 그러니 이것은 당신 것이오."

이 말을 듣고 당나귀 장수는 감동을 하여 정중하게 인사를 하였다.

아낌없이 주는 마음

옛날에 아주 큰 농장이 있었다. 그 주인은 좋은 일을 많이 하는 인자한 농부였다.

랍비들이 해마다 그 집을 방문하였고 그는 아낌없이 재산을 내놓았다. 그러던 중 어느 해에 태풍이 심하게 불었다. 그래서 과수원이 다 망가지고 유행병이 돌아 동물들도 모두 죽게 되었다. 그래서 주인은 사람들에게 어쩔 수 없이 돈을 빌리게 되었는데 약속한 날짜까지 다 갚을 수 없었다. 주인에게 돈을 빌려 준 사람들은 그의 집에 와서 재산을 모두 빼앗아 갔다. 이제 주인에게 남은 것은 손바닥만한 땅뿐이었다.

그러나 주인은 '하느님이 주시고, 또 하느님이 가져가시니 어쩔 수 없는 일이다'라고 생각을 하고 그 상황을 받아들였다.

그 해에도 랍비들은 이 농장을 방문했는데 랍비들은 그의 처지를 진심으로 동정을 하였다. 농장 주인의 아내가 남편에게 말하였다.

"우리들은 해마다 랍비님들이 학교를 세우도록 도왔고, 불쌍한 사람들과 나이 든 사람들을 위해 헌금을 해왔는데 올해라고 아무것도 바치지 않는다면 미안하지 않을까요?"

"맞아, 무엇이든 헌금을 해야 할 텐데."

이 부부는 차마 랍비들을 빈 손으로 보낼 수 없다고 생각을 하고 이들 부부의 유일한 재산인 땅의 반을 팔아서 랍비들에게 헌금을 하였다. 랍비들은 생각지도 않은 헌금을 받아서 몹시 놀라면서도 기뻤다. 이들 부부는 남은 반쪽 땅을 열심히 갈구고 일구었다. 그러던 중 밭갈이를 하는 소가 쓰러졌다. 진흙에 빠진 소를 끌어내자 소의 발 밑에서 보물이 나왔다.

"이게 어찌 된 일이지?"

주인은 너무 깜짝 놀랐다. 주인 부부는 그 보물을 팔아서 다시 땅을 샀다. 그래서 옛날과 같이 큰 농장을 꾸려 나가게 되었다. 그 다음 해에 랍비들이 다시 농장을 방문했다. 랍비들은 주인이 아직도 가난한 생활을 하고 있으리라 생각을 하였다. 지난 해 살던 농장으로 주인을 찾아갔다. 그런데 그 주인은 그곳에서 살지 않았다.

"그 주인은 이제 여기서 살지 않습니다. 저기 큰 집으로 가 보세요."

랍비들은 사람들의 말을 듣고 큰 집으로 가서 부부를 만났다. 그 부부는 그동안 있었던 일을 설명을 하고 그리고 이렇게 말하였다.

"아낌없이 베푸니까 다시 복이 되돌아오는 것 같습니다."

랍비들과 주인 부부는 감사의 기도를 드렸다.

❖ 주어야 받을 수 있다. 삶은 부메랑이다. 우리들의 생각, 말, 행동은 언제가 될지 모르나 틀림없이 되돌아온다. 그리고 희한하게도 우리 자신을 그대로 명중시킨다.

— 플로랑스 스코벨 쉰

우화, 더불어 살아야 하는 깨우침입니다

가시가 목에 걸린 사자

배가 몹시 고팠던 사자 한 마리가 급하게 점심을 먹었다.

"아휴, 잘 먹었다. 이제야 살 것 같군."

사자는 기분이 아주 좋아졌다. 그러나 너무 급하게 먹어서 목에 가시가 걸리고 말았다.

"아야, 이게 무엇이지."

사자가 혼자서 빼내려고 애써 봐도 가시는 나오지 않았다.

'아휴, 혼자서는 도저히 안 되겠다. 도움을 청해야겠다.'

사자가 말을 하였다.

"누구든지, 내 입 속의 가시만 빼 준다면 큰 상을 주겠다."

그 무렵 하늘을 날아가던 학이 사자를 보았다.

"제가 도와 드릴까요?"

"응, 제발 도와 줘. 너는 부리가 기니까 가시를 꺼낼 수 있을 거야."

사자는 입을 크게 벌렸다. 학은 사자의 입 속에 머리를 집어넣고 긴 부리를 이용해 가시를 빼 주었다. 사자는 너무도 시원했다. 그러나 가시를 빼 준 학에게 상을 주기는커녕 고맙다는 말 한 마디 없이 돌아서서 가는 것이었다.

"그냥 가면 어떡해요? 상을 주신다면서요."

학이 말하였다.

그러자 사자가 버럭 화를 내며 말을 하였다.

"너는 내 입 속에 머리를 넣고도 죽지 않고 살아났다. 그것이 바로 상이다. 그런 위험한 경우를 당하고도 살아난 것만이라도 자랑할 만한 일이 아니냐. 그 이상의 상이 어디 있겠느냐?"

사자는 큰 소리로 호통을 치고는 유유히 사라졌다.

❖ 마음에 박힌 가시를 빼줄 수 있는 것은 친구의 손밖에 없다.

- C. A 엘베시우스

여우와 포도밭

한 여름이 되자 포도가 가지마다 주렁주렁 매달렸다. 그때 그곳을 지나가던 여우 한 마리가 잘 익은 포도를 보고 군침을 삼키고 있었다.

"야아, 저 포도 좀 봐. 아주 맛있게 익었는걸. 한 번 먹어 봤으면."

생각 같아서는 지금 당장 포도밭으로 뛰어가서 포도를 실컷 따먹고 싶었지만 울타리가 너무 높았다. 포도밭 주위를 몇 바퀴 돌면서 애를 태우던 여우의 눈에 울타리의 한 켠에 나 있는 작은 구멍이 보였다.

"옳지, 잘됐다. 이 구멍으로 들어가면 되겠구나."

그렇지만 그 구멍은 너무 작아서 여우가 아무리 꾀를 내고 머리를 써도 안으로 들어 갈 수가 없었다. 하는 수 없이 여우는 자신의 몸이 너무 크다는 것을 한탄하며 집으로 돌아왔다.

"그렇게 맛있어 보이는 포도를 포기할 수는 없어. 내 몸의 살을 빼서라도 포도를 꼭 따 먹고 말거야."

그래서 여우는 그 포도를 따 먹기 위해서 사흘 동안 물만 먹고 굶었다. 여우의 생각대로 몸이 홀쭉해졌다. 무사히 구멍을 파고들어 간 여우는 사흘 간 굶었기 때문에 매우 배가 고파 허겁지겁 잘 익은 포도를 따먹었다.

"야아, 이렇게 맛있을 줄이야. 이왕 들어 왔으니 조금만 더 먹자."

여우는 계속 포도를 먹기 시작했다.

여우는 더 이상 배가 불러 먹을 수 없게 되자 슬슬 집으로 돌아가려 하였다.

"이제 배도 부르니, 집에 가서 잠이나 자야지."

여우는 노래까지 흥얼거리며 들어왔던 구멍으로 다시 나가려고 하였다.

그러나 이제는 배가 너무 불러서 구멍을 빠져나갈 수가 없었다. 할 수 없이 다시 사흘 굶은 여우는 비로소 구멍을 빠져나갈 수 있었다. 겨우 구멍을 빠져나온 여우가 기진맥진하여 중얼거렸다.

"결국 뱃속은 들어 갈 때나 나올 때나 마찬가지이군."

우화, 더불어 살아야 하는 깨우침입니다

무식한 사람의 재치있는 변호

유대인 한 사람이 법정에 서게 되었다. 그 사람의 죄는 가짜 포도주를 만든 것이었다. 재판을 받는 도중 그 유대인은 자신의 변호를 스스로 하겠다고 고집을 부렸다.

하는 수 없이 재판장이 말하였다.

"좋다. 한 번의 기회를 주겠다!"

그러자 유대인은 얼른 앞으로 나가면서 말을 하였다.

"재판장님, 당신은 화학에 대해서 얼마나 알고 계십니까?"

"나는 재판을 하는 재판관이지 화학 기사는 아니오. 내가 어찌 화학에 관해서 잘 알겠소."

"좋습니다. 나를 고발한 가짜 술 단속반님, 당신은 법률에 관하여 얼마나 알고 계십니까?"

"나는 법률가가 아니라 화학 기사요."

유대인은 두 사람의 말을 듣고 자기 자리로 돌아가 이렇게 말을 하였다.

"저는 무식한 유대인입니다. 그러니 법률이나 화학에 대해 전혀 알지 못합니다. 화학을 알지 못하니 술을 어떻게 담그는지 몰라 엉터리 포도주를 만들었고 또한 법률을 모르니 그것이 불법인 줄도 모르고 있었습니다. 그런데 저에게 죄를 지었다고 하시니 저는 어찌 해야 합니까?"

재판관과 가짜 술 단속반은 서로 얼굴만 쳐다보며 입이 벌어질 뿐이었다.

❖ 우리들은 스스로를 비참하게 만들 수가 있다. 또 우리들은 스스로를 강하게 만들 수도 있다. 아이러니하게도 거기에 드는 노력은 똑같다.
— 카를로스 카스타네다

우화, 더불어 살아야 하는 깨우침입니다

랍비의 거스름돈

유대인 노인이 죽기 직전의 일이다. 그는 숨이 넘어가기 직전 아들에게 괴로워하며 말을 하였다.

"어서 랍비를 불러다오."

아들은 급히 랍비를 불렀다. 노인이 자꾸 재촉을 하자, 아들은 랍비가 곧 도착할 것이라고 하자 그 노인이 아들에게 말하였다.

"아들아, 랍비가 나를 위해 기도를 해준다면 난 틀림없이 천당에 갈 수 있을까?"

"예, 아버님. 랍비가 기도를 한다면 아버님은 꼭 천당에 가실 수 있을 겁니다."

"그건 그럴 테지만 상당히 많은 사례를 해야겠지?"

노인은 괴로운 표정으로 아들에게 물었다. 그러자 아들이 대답을 하였다.

"천당을 가고자 하는 일이니 1만 달러는 필요할 겁니다."

"그 정도면 천당에 갈 수 있을까?"

"물론입니다."

그러나 노인은 안심이 되지 않은 듯 숨을 몰아쉬며 아들에게 다시 말을 하였다.

"아들아, 아무래도 안 되겠다. 신부님을 불러다오. 랍비와 같이 앉아 기도를 드려달라고 해야겠다. 그리고 카톨릭 신부에게도 1만 달러를 주면 되겠지. 만일 유대교 천당에 자리가 없으면 천주교의 천당에라도 가야겠다."

"네, 알겠습니다. 아버님."

아들은 아버지가 세상을 떠나시는 마당에 무슨 짓이든 못하랴 싶어 당장 신부를 불렀습니다.

"아버님, 신부님도 곧 도착할 것입니다."

노인은 그 대답을 듣고도 여전히 불안해 했습니다.

"하지만, 유대교도 천주교도 천당 길을 열어 주지 않으면 어떡하지?"

"글쎄요, 아버님. 그럼 기독교의 목사님도 부를까요?"

"그렇지! 이왕이면 목사도 부르자꾸나. 그런데 목사는 얼마나 주어야 할까?"

"그 역시 1만 달러는 주어야 할 겁니다."

노인은 조금 아깝다는 표정을 지으며 한숨을 내쉬었다.

"그래야 되겠지."

이윽고 유대교의 랍비와 천주교의 신부, 그리고 기독교의 목사가 집으로 몰려왔다.

그들은 집 안으로 들어오더니 노인이 천당에 갈 수 있게 해 달라는 기도를 오랜 시간 동안 올렸다. 노인은 그들의 기도 소리를 들으며 세 곳 가운데 아무데나 한 군데의 천당으로 올라가려고 생각했다.

그런데 갑자기 노인이 눈을 번쩍 떴다. 아들에게 모든 재산을 다 주어 버린 것이 갑자기 생각난 것이다. 그는 있는 힘을 다해 소리쳤다.

"랍비님, 신부님, 그리고 목사님! 나는 세 분께 바칠 3만 달러를 제외하고는 모든 재산을 아들에게 주었습니다. 그런데 천당에 가서는 돈이 필요하지 않을까요? 저는 그런 생각이 드는군요. 그러니 내가 죽으면 여러분들이 받아 가시는 돈 가운데 2,000달러씩만 나의 관 속에 넣어 주십시오."

랍비와 신부와 목사는 1만 달러씩이나 받으니까 2,000달러쯤은 주어도 문제없다고 생각하였다. 그래서 세 사람은 약속을 하고 마침내 노인은 편안히 눈을 감았다.

장례식 날이 되었다. 신부가 가장 먼저 일어나 관 속에 2,000달러를 넣었다. 그러자 목사도 2,000달러를 관 속에 넣어 주었다. 잠시 후 랍비가 관 있는 곳으로 갔다. 랍비는 천천히 안주머니에서 수표책을 꺼내어 6,000달러라고 적었다. 그리고는 그 수표를 관 속에 넣고 신부와 목사가 넣은 4,000달러를 꺼냈다.

그것은 거스름돈이었다.

❖ 참다운 행복, 그것은 우리들이 어떻게 끝을 맺느냐 하는 것이 아니라 어떻게 시작하느냐 하는 문제이다. 또 우리들이 무엇을 소유하느냐가 아니라 무엇을 바라느냐의 문제이다.

– 로버트 루이스 스티븐슨

우회, 더불어 살아야 하는 깨우침입니다

강한 것과 약한 것

세상에서 가장 힘이 세고 무서운 동물은 무엇일까? 사자나 코끼리처럼 몸집이 큰 동물이 떠오를 것이다. 그러면 이 동물들도 무서워하는 것이 있을까? 그렇다. 세상에서 가장 힘이 세고 무서운 동물도 겁내는 게 있다. 그것은 의외로 우리가 무시하고 하찮게 생각하는 것이다.

예를 들면 사자는 모기를 무서워하고, 코끼리는 거머리를 무서워한다. 그리고 독침을 가지고 있는 전갈은 파리를 무서워하고, 하늘을 지배하는 매는 거미를 무서워한다. 몸집이 크고 힘이 센 동물들이 이렇게 작고 힘없는 생물들을 무서워하다니 정말 믿을 수 없는 일이다. 이것은 몸집이 크고 힘이 강하다고 해서 어떤 것이나 모두 무서운 것은 아니라는 것을 말해 준다. 이와 반대로 아주 약한 것이라도 어떤 조건 아래에서는 강하게 될 수 있다.

❖ 희망이란 본래 있다고도 할 수 없고 없다고도 할 수 없다. 그것은 마치 땅 위의 길과 같은 것이다. 본래 땅 위에는 길이 없었다. 걸어가는 사람이 많아지면 그 것이 곧 길이 되는 것이다.

― 노신

우와, 더불어 살아야 하는 깨우침입니다

동전의 교훈

오래 전 탈무드 시대의 유대인 가정에서는 안식일 전날인 금요일 저녁이면 어머니가 반드시 초에 불을 켠다. 아버지는 아이들의 머리에 손을 올리고 축복의 기도를 올린다. 그 촛불을 켤 때 유대 가정에서는 어느 집이나 반드시 '유대민족기금'이라고 쓴 상자가 놓여 있다. 아이들은 어머니가 촛불을 켜는 것과 동시에 미리 받은 동전을 상자에 넣는다. 이것은 어린 시절부터 자선을 가르치기 위한 것이다.

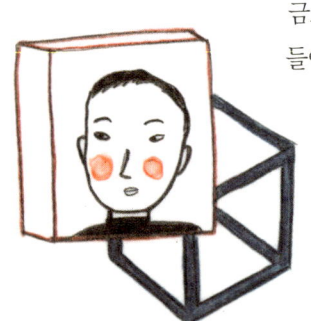

금요일 오후에는 가난한 사람들이 구걸하러 부잣집을 돌아다닌다. 그러면 그 가정의 부모는 자신이 직접 가난한 사람의 상자 속에 돈을 넣지 않고, 반드시 아이들을 시켜서 건네 주

게 한다. 이것은 아이들에게 자선하는 마음을 심어 주기 위한 것이다.

❖ 우리 인생에서 가장 중요한 것은, 멀리 떨어져 있는 것을 바라보기 위하여 노력하는 것이 아니라 가까이 있는 일을 성실하게 처리하는 것입니다. 고난은 우리의 영혼을 더욱 견고하게 만들 수 있다. 거센 바람에도 흔들리지 않는 뿌리 깊은 나무처럼……

– 마샤 그레이스

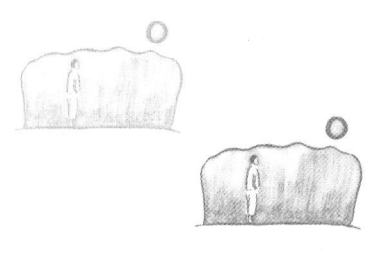

말씀

머리, 가슴, 나아가 온몸으로
쏟아내는 외침입니다.

랍비 힐렐의 열정

한 청년이 있었다. 이 청년은 배우는 것을 아주 좋아하였다.

"오늘은 동전 한 닢밖에 못 벌었군. 그러나 이 돈은 오늘 하루의 수업료는 낼 수 있을 거야."

그 청년은 하루 벌어서 하루 먹고 살 정도로 가난하였다. 그러나 배우는 것을 너무 좋아하여 돈을 조금 벌어도 생활비는 반밖에 안 썼다. 나머지의 반은 학교 수업료로 썼다. 그러던 어느 날이었다.

"정말 큰일났네. 오늘은 한 푼도 못 벌었으니 이 일을 어찌하면 좋지?"

그는 굶는 것은 얼마든지 참을 수 있었다. 그러나 돈이 없어서 학교에 못 간다는 것은 도저히 용납이 되지 않았다. 한참을 생각하던 청년은 한 가지 좋은 생각을 떠올렸다.

'그래, 하는 수 없다. 몰래 들는 수밖에'

그래서 하는 수 없이 청년은 학교 지붕 위로 올라갔다. 그리고 굴뚝에다 귀를 대고 가르침을 듣기 시작하였다. 날이 어두워지고 있었다. 게다가 날씨가 몹시 추워졌다. 하지만 이 청년은 이렇게라도 듣는 것이 다행이라고 생각하고 추운 줄도 몰랐다. 그날따라 수업은 밤 늦게까지 계속되었고 밖에는 눈도 내리고 있었다. 추위와 배고픔으로 지친 청년은 그만 깜빡 잠이 들었다. 눈이 많이 내려 청년의 몸을 하얗게 뒤덮었다.

다음 날이었다. 다른 날과 같이 학교 수업이 시작되었다.

"애들아, 오늘 너무 이상하지 않니? 교실이 왜 이렇게 어두울까?"

"날씨도 맑은데, 정말 그렇네."

학생들은 어두워서 불을 켜 보았다. 그러나 여전히 마찬가지였다.

바로 그때 한 소년이 교실 천장을 가리켰다.

"애들아, 저기 좀 봐. 이상해. 저기 누가 있는 것 같아."

교실 천장에는 햇빛이 들어 올 수 있도록 창문이 나 있었다. 그런데 그 창문을 어떤 사람의 몸이 가리고 있어서 교실이 다른 날보다 더욱 어두웠던 것이다. 학생들은 지붕 위로 올라 가 보았다. 그 지붕 위에는 한 청년이 눈을 하얗게 쓴 채 잠이 들어 있었다. 이 청년을 조심스럽게 끌어 내린 학생들은 그가 정신을 찾을 수 있도록 보살펴 주었다. 얼마 후 청년이 눈을 떴다. 학생들은 기뻐서 탄성을 질렀다.

"야, 드디어 살았다."

청년이 정신을 못 차리고 죽을까 봐 학생들은 가슴을 무척 졸였다.

"당신은 이 추운 날씨에 왜 지붕 위에서 잠을 잤습니까?"

선생님이 물었다. 청년의 이야기를 들은 선생님은 배우려고 하는 청년의 열정에 감동을 받았다. 그래서 그 청년에게 수업료를 받지 않기로 하였다. 그후로 청년은 자기가 배우고 싶었던 것을 마음껏 배울 수 있었다. 이때부터 유대인 학교에서는 수업료를 받지 않게 되었다. 이 청년이 나중에 유명한 랍비가 되었는데 바로 이 사람이 랍비 힐렐이었다.

믿음을 갖고 최대한 자신에게 충실한 삶을 살면, 그것이 그대로 삶에 반영되어 모든 것이 쉽게, 그리고 이따금은 기적적으로 잘 풀린다는 것을 나는 안다.

— 삭크린 거웨인

배려와 자유

어느 회사에서 있었던 일이다. 이 회사의 사원 한 사람이 자기가 부당한 대우를 받고 있다는 생각이 들어 사장에게 항의하기로 하였다.

"저는 이제까지 사장님을 위해 열심히 일해 왔는데 그러나 지금 생각해 보니 그럴 이유가 조금도 없습니다. 퇴직금이나 받고 회사를 떠나고 싶습니다."

그 말을 들은 사장은 버럭 화를 냈다.

"내가 보기에는 당신은 그다지 열심히 일을 하지 않았소. 그래서 나도 당신을 해고하려던 참이오. 퇴직금은 한 푼도 줄 수 없소."

이 말을 듣고 더욱 화가 난 사원은 회사의 금고에서 돈과 중요한 서류를 훔쳐서 다른 나라로 달아나 버렸다. 그리고 한 달 뒤. 외국의 한 도시에서 그 사람을 보았다는 사람들이 있었다. 그 사원을 찾고 있던 사장은 한 랍비에게 비행기 표를 주면서 말하였다.

"그가 있는 곳으로 가서 그에게 얘기 좀 해주세요."

랍비는 그 사원을 만나러 갔다. 도착한 지 이틀이 지나서야 랍비는 겨우 그를 만날 수 있었다.

회사의 공금을 훔쳤고, 중요한 서류도 가지고 도망친 죄인을 만나자 랍비는 당혹스럽기도 하고 슬픈 생각도 들었다. 랍비는 그에게 이런 이야기를 했다.

"유대인은 모두 한 가족이며, 형제입니다. 우리들은 다른 나라 사람들과 섞여 살게 되므로 유대인끼리 사이좋게 지내야 합니다."

그러자 그 사원이 말을 하였다.

"내가 어떻게 행동을 하든 그것은 내 자유입니다."

"하지만 남을 배려하지 않고 자기 마음대로 행동하는 것은 진정한 자유가 아닙니다."

랍비는 다음과 같이 이야기해 주었다.

항해하는 배에 많은 사람들이 타고 있었다.

한 남자가 자기가 앉아 있는 배 밑바닥에 구멍을 뚫기 시작했다.

그러자 주위에 있는 사람들이 매우 놀랐다.

"아니, 당신은 지금 뭐하는 짓이오."

그는 아무렇지도 않게 말을 하였다.

"여기는 내 자리요. 그러니 내가 무엇을 하든 그것은 내 자유요."

"뭐라구? 아니 뭐 이런 사람이 다 있어."

사람들은 하도 어이가 없었다. 그러나 그 남자는 그 행동을 멈추지 않았다. 잠시 후 배는 바닷속으로 가라앉고 말았다.

이 이야기를 들은 사원은 고개를 끄덕였다.

"당신이 하라는 대로 하겠습니다."

그 사원은 자기가 가진 돈과 서류를 랍비에게 모두 맡겼다. 그리고 다시 회사로 돌아와 사장과 이야기를 잘 나눈 뒤 퇴직금도 받고 일을 잘 해결하였다.

배려라는 것은 상대방이 잘못했거나 혹은 옳기 때문이 아니라 그가 인간이라는 사실 때문에 그를 존중하는 것을 의미한다.

— 존 코글리

벌금의 규칙

어느 유대인 회사에서 한 유대인을 고용했다.

그런데 어느 날 그 사원이 회사의 돈을 훔쳐 가지고 도망을 쳤다.

사장은 매우 화가 나서 경찰에 신고하려고 하자 그 회사의 간부 한 명이 랍비를 찾아와 도움을 청하였다.

랍비가 말을 하였다.

"제일 먼저 그가 가지고 도망을 쳤는지 확실히 해야 합니다. 그가 돈을 가지고 도망을 간 경우 경찰에 신고를 하여 붙잡히면 그 사람은 바로 감옥에 가게 됩니다. 그러나 이것은 유대인의 방식이 아닙니다. 왜냐하면 그가 감옥에 간다면 돈을 돌려 받을 수 없습니다. 유대 율법에서는 돈을 훔쳐 간 사람을 감옥에 넣는 것보다는 그에게 돈을 받아내는 것을 우선으로 합니다. 그러므로 돈을 훔쳐 간 사람을 찾으면 감옥에 넣기보다는 우선 돈을 돌려받고 거기에 덧붙여 벌금을 물려

야 합니다."

그런 일이 있은 후, 도망 친 유대인 사원을 찾아내었다.

그러나 그 사원은 돈을 다 써버려서 그에게는 돈이 한 푼도 남아 있지 않았다.

이 사건을 랍비는 이렇게 판결을 내렸다.

"당신이 훔쳐 간 돈은 일을 하여 돌려 주도록 하고 벌금은 나에게 내시오. 그 벌금은 자선기금으로 쓰도록 하겠소."

유대 사회에서는 돈을 훔친 사람에 대한 벌이 다른 사회와 다르다. 예를 들면 어떤 사람이 돈을 백만 원을 훔쳐 벌금까지 합쳐서 백십만 원을 갚으라는 판결을 받았다면, 그가 백십만 원을 돌려 준다면 그의 죄는 없어져서 다른 사람과 똑같이 된다. 돈을 잃어버렸던 사람이 그에게 저 사람은 나의 돈을 훔쳐 갔던 사람이라고 말을 한다면 그렇게 말을 하는 사람이 나쁜 사람이 된다. 벌금은 대체로 20퍼센트 이상인데 이것에는 엄격한 규칙이 있다. 예를 들면 무엇을 가져갔는가, 훔친 시각이 밤이었는가 낮이었는가, 그것을 사용하여 돈을 벌었는가 등 여러 조건에 따라 벌금의 비율에 차별이 있다. 특히 말을 훔친 경우에 가장 높은 벌금을 낸다. 왜냐하면 말을 사용하여 돈을 벌 수도 있고 도둑맞은 사람이 대단히 큰 불편을 겪기 때문이다.

일반적으로 당나귀를 훔친 경우는 말보다 벌금이 싸다. 말은 온순하지만 당나귀는 난폭하여 쉽게 훔칠 수 없기 때문이다. 훔치는 사람의 개인적인 처지도 생각을 한다. 아주 가난한 사람이라면 10퍼센트 정도의 싼 벌금이 내려진다.

고대 이스라엘에서는 벌금이나 빌려 준 돈, 이자를 내지 않는 경우에는 노동으로 대신 갚게 했다. 최악의 경우에는 감옥에 보내기도 하는데 그러나 유대인들은 감옥에 보내는 것으로 일이 해결된다고 생각하지 않았다.

❖ 사람이 저지르는 잘못 중에서 가장 큰 잘못은, 그 잘못으로부터 아무것도 배우지 못하는 것이다.

— 존 포웰

말씀 머리 가슴 나이가 온몸으로 쏟아내는 외침입니다

양심적인 자유 경쟁

어느 날, 어느 가게의 주인이 랍비를 찾아왔다.

"랍비님, 저희 옆집 가게 주인이 몰래 가격을 내려서 우리 가게의 단골까지 다 빼앗아 갑니다. 이 일을 어찌하면 좋을까요?"

랍비는 가게 주인에게 생각할 시간을 달라고 하였다. 어떤 상품을 팔고 있는 상점 근처에 똑같은 상품을 파는 가게를 열어서는 안 된다.

그러나 다음의 경우에는 여러 가지 의견이 있을 수 있다. 상점이 두 군데가 있는데 그 두 곳 중 한 군데서 경품을 주어 옥수수로 만든 팝콘 같은 보잘것없는 것이지만 아이들이 그것 때문에 물건이 많이 팔리는 경우가 있다.

또 값을 내려 경쟁하는 것은 사는 사람들에게 이익이 되므로 좋지 않은가 하는 랍비도 있었다.

또 어떤 랍비는 손님을 끌기 위해 값을 내리거나 경품을

주는 것은 부당 경쟁이 아니라고 말한다

'사람에게 이득이 되면 좋지 않은가?'라고 생각을 한 것이다.

며칠 후 랍비는 가게 주인에게 말을 하였다.

"물건을 훔치는 것은 확실히 금지되어 있지만 어떤 사정으로 값을 얼마간 내리는 것은 정당한 것입니다."

결국 양심적인 자유 경쟁으로 손님들이 이익을 보게 되는 것은 바람직한 현상이라는 것이다.

❖ 나의 할아버지는 세상에는 두 부류의 사람이 있다고 말씀하셨지요. 끊임없이 노력하는 사람들과 그것을 가로채려고 하는 사람들. 할아버지는 늘 제게 첫 번째 부류에 들 수 있도록 항상 노력하라고 하셨지요. 그곳은 언제나 경쟁이 덜 치열하다면서……

– 인디라 간디

말씀, 머리, 가슴, 나아가 온몸으로 쏟아내는 외침입니다

랍비 아키바의 기도

아키바는 랍비들 중에서도 가장 존경받는 랍비이다. 그는 유대인의 민족적 영웅이기도 하다. 젊은 시절 아키바는 부잣집의 양치기로 일을 하였는데, 주인집 딸과 사랑을 하게 되어 여자 집의 반대를 무릅쓰고 두 사람은 결혼을 하였다. 그래서 두 사람은 결국 집에서 쫓겨나고 말았다. 그후 두 사람은 행복하게 살고 있었는데, 하루는 아내가 조심스럽게 얘기를 하였다.

"부탁이 있습니다. 무엇이든지 공부를 해보는 것이 어떨까요?"

집이 가난하여 공부를 하지 못하였던 아키바는 성인이 될 때까지 글자를 읽지 못하였다. 아키바는 어린 아들과 함께 학교에 다니기 시작하였다. 그리고 혼자 독학을 하여 13년을 공부를 하고 돌아 왔을 때 그는 당시 최고의 학자로서 유명해져 있었다.

아키바는 〈탈무드〉 최초 편집자이며, 의학, 천문학을 연구한 훌륭한 학자였다.

또한 외국어를 잘하여 유대인의 사절로 로마에 여러 번 갔었다. 서기 132년, 유대인들은 로마의 지배로부터 벗어나기 위하여 반란을 일으켰다. 그 당시 아키바는 유대인의 정신적 지도자로 나섰다. 이 반란이 진정된 후, 학문을 연구하는 유대인은 누구든지 사형을 당할 것이라고 말을 했다. 로마인들은 유대인의 학문을 통하여 유대의 정신을 이어 나간다는 것을 알았다. 유대인들은 아키바의 신분을 걱정하였다. 그러나 자신을 걱정하는 사람들에게 다음과 같이 이야기를 해주었다.

어느 날, 여우가 시냇가를 걸어가다가 물고기가 뱅글뱅글 돌면서 바쁘게 헤엄치는 모습을 보았다.

"왜 급히 돌면서 헤엄을 치니?"

여우는 몹시 궁금하여 물어 보았다.

"우리를 잡으러 오는 그물이 무서워서 그래요."

물고기의 대답을 들은 여우는 말하였다.

"무서우면 밖으로 나와 있어라. 언덕으로 올라오면 내가 지켜 줄테니 걱정하지 말고."

이 말에 물고기는 반문했다.

말씀, 머리, 가슴, 나아가 온몸으로 쏟아내는 외침입니다

"지금까지 살아 온 물 속에서도 이렇게 무서워하고 있는데 언덕에 올라가면 어떻게 되겠어요?"

이 이야기는 '유대인에게 학문은 물과 같은데, 물을 떠나 언덕으로 올라간다면 곧 죽어 버리고 말 것이다. 유대인은 무슨 일이 있어도 학문을 버려서는 안 된다'는 것을 보여 주기 위해 한 말이었다.

결국 로마인에게 붙잡힌 아키바는 로마로 끌려가 사형 선고를 받았다. 로마인들은 아키바를 고통스럽게 죽이기 위해 불에 달군 인두로 온몸을 지져 태워 죽이기로 하였다.

아키바의 사형이 집행되는 날에는 로마의 사령관이 그의 죽음을 보러 왔다.

마침 아침 해가 산 위로 떠오르고, 유대인들이 아침 기도를 할 시간이 되었다.

아키바는 새빨갛게 달구어진 인두가 몸에 닿자 조용히 눈을 감고 아침 기도를 올리기 시작했다.

이 모습을 지켜 본 사령관은 놀라서 물어 보았다.

"당신은 이렇게 끔찍한 고통을 당하면서도 기도가 올려지는가?"

"나는 하느님을 사랑하기 때문에 하루도 아침 기도를 하지

않은 적이 없소. 죽음을 눈앞에 둔 지금도 하느님께 기도를 올릴 수 있고, 또 진실로 하느님을 사랑하는 내 모습을 발견하게 되어 정말 기쁘다오."

랍비 아키바는 조용히 대답을 하였다. 그리고 아키바의 생명의 불은 서서히 꺼져갔다.

랍비 요하난 벤 자카이

랍비 요하난 벤 자카이는 유대 민족이 아주 큰 위험에 닥쳤을 때 정신적으로 유대 민족을 구한 지혜로운 랍비이다.

이스라엘이 로마군에 의해 짓밟힐 때 자신의 몸을 관에 넣어 로마군 사령관을 만나 지혜를 발휘해 유대 민족이 영원히 살 수 있는 길을 찾아냈다.

이렇게 로마군의 손에서 야브네 거리를 보호한 요하난 벤 자카이는 야브네대학교를 세워 잠시 나라를 잃어버려도 영원히 민족을 잃지 않도록 유대인의 가장 중요한 교육의 전당이 되도록 하였다.

서기 100년경 이곳에서 열린 유대인 랍비 모임에서 히브리어 성서가 최종적으로 확정될 정도로 유대 민족을 이끌어 가는 정신적 뿌리가 담긴 곳이 되었다.

칼보다 교육의 힘을 강조한 벤 자카이는 항상 유대인들을 가르치기 위해 가르침의 내용이 담긴 성서를 연구하고 이것이 끊임없이 이어지도록 노력하였다. 제자들에게 설교를 할 때에도 성서에 담겨 있는 내용을 뛰어난 방법으로 해석하여 제자들에게 삶의 지표로 삼게 하였다.

한 번은 하느님의 성전에 제단을 세우기로 하여 많은 일꾼들이 모인 적이 있었다.

벤 자카이가 제자들에게 제단을 만드는 곳을 둘러보자고 하였다.

제자들과 함께 성전의 제단을 만드는 곳에 들른 벤 자카이는 열심히 일하는 사람들을 격려하며 이곳저곳을 둘러 보았다.

마침 석수가 쇠로 만든 정으로 제단에 쓸 돌을 다듬고 있는 곳을 지나게 되었다.

"음, 저 사람은 지금 무엇을 하고 있는 건가?"

옆에 있던 제자가 석수를 바라보고는 랍비에게 말하였다.

"네. 제단을 세우는데, 그곳에 쓸 돌을 다듬고 있습니다."

그러자 랍비 벤 자카이가 말하였다.

"그런데 돌을 다듬고 있는 저것은 무엇인가?"

"네, 정입니다."

말씀 머리 가슴 나아가 온몸으로 쏟아내는 외침입니다

벤 자카이는 제자에게 이렇게 말했다.

"정으로 다듬은 돌을 제단에 사용할 수 없네. 다른 방법을 찾아보게."

제자는 랍비의 말에 의아해 하면서 물었다.

"네? 왜 정으로 다듬은 돌을 사용할 수 없다 하십니까?"

"정은 쇠로 만들었네. 쇠는 파괴하는 데 쓰는 도구라네. 하느님의 제단은 평화를 전하기 위해 있는 것이니, 그런 곳에 파괴의 도구인 쇠를 사용할 수는 없네."

벤 자카이는 하느님의 말씀을 단순히 말로써만 가슴에 담아두는 것이 아니라 현실에서 직접 실천할 수 있도록 하였다.

이렇게 요하난 벤 자카이는 유대인을 이끌어준 랍비들 가운데 지금까지 많은 학자들과 신앙 지도자들에게, 그리고 수많은 사람들에게 깊은 영향을 주었다. 특히 교육을 강조하여 유대 민족이 이 지구상에서 사라지지 않도록 만든 지도자 중 한 사람이다.

우주선을 탄 유대인의 기도

유대인들은 아침 저녁으로 일정한 시간을 정해 놓고 기도를 한다. 그리고 아침 기도 시간에는 작은 상자를 머리나 팔에다 달아야만 했다.

어느 우주선에 천주교의 신부와 기독교의 목사, 그리고 유대교의 랍비가 함께 탔다. 그들은 18분마다 지구를 한 바퀴씩 도는 이 우주선을 타고 스물네 시간을 비행한 뒤 무사히 지구에 돌아왔다. 우주선은 물론 지구의 궤도 비행을 했다. 기자들이 몰려 들었다. 기자들이 지켜보는 가운데 가장 먼저 신부가 우주선에서 내려와 말했다

"신이여, 이 영광을 당신께 돌립니다! 아주 훌륭한 체험이었소."

그 뒤를 이어서 목사가 나왔다.

"신은 위대했습니다! 나는 이처럼 훌륭한 체험을 한 적이 없었소!"

그런데 뒤를 이어서 나와야 할 랍비는 나오지 않았다. 한 기자가 랍비가 우주선 안에 있음을 알고 안으로 들어가 보았다. 그랬더니 랍비는 우주선 한쪽 구석에서 힘없이 쓰러져 있었다. 기자가 흔들어 정신을 차리라고 하자 그때서야 겨우 밖으로 기어나왔다.

"아니 대체 이게 웬일입니까?"

기자들의 물음에 랍비가 대답하였다.

"이 우주선이 18분마다 한 번씩 지구를 도는 바람에 나는 이 상자를 머리에 얹은 채 18분마다 아침 저녁으로 기도를 드려야 했소. 그래서 이 모양이 될 수밖에 없었소."

❖ 모든 것들에는 경이로움이 깃들어 있다. 나는 알았다. 내가 어디에 있을지라도 그곳엔 내가 기뻐할 일들이 있다는 사실을.

- 헬렌 켈러

패배 속에서도 살아남는 유대인

이스라엘과 아랍 사이에 6일 전쟁이 일어났을 때이다. 이스라엘을 여행하던 한 사람이 어떤 이스라엘 사람에게 물었다.

"이번 전쟁에서 누가 이길 것 같습니까?"

그러자 이스라엘 사람이 아주 자신있게 대답을 하였다.

"그야 물론 우리가 승리하지요."

여행자가 보기에는 그 이스라엘 사람이 너무 확신에 차 있는 것 같았다.

"이스라엘 사람은 모두 합해서 겨우 250만 명밖에 안 되고 아랍의 인구는 1억 수천만 명이 넘지요. 이렇게 인구 면에서 밀리는데 어떻게 이긴다고 확신을 합니까?"

그러자 이스라엘 사람은 펄쩍펄쩍 뛰며 말했다.

"왜 이스라엘 사람이 250만 명밖에 안 됩니까? 나치에게 학살된 600만 명이 더 있지 않습니까?"

말씀, 머리, 가슴, 나아가 온몸으로 쏟아내는 외침입니다

이스라엘 사람의 말을 들은 여행자는 더 이상 할 말이 없었다.

제2차 세계 대전 중 유대인들이 나치에게 끌려가 600만 명이나 되는 동포가 한꺼번에 목숨을 잃었다. 이것은 누가 보아도 아주 큰 패배라고 생각될 것이다. 그러나 유대인들은 그 600만 명이라는 동포의 죽음은 그대로 패배로 남겨 두지 않았다.

그들의 현재의 삶에 살아 있는 교훈으로 삼았기에 어려움을 딛고 다시 일어설 수 있었던 것이다.

❖ 힘은 샘물과 같이 안으로부터 솟아나는 것이다. 힘을 얻으려면 자기 내부의 샘을 파야만 한다. 밖에서 힘을 구할수록 사람은 점점 약해질 뿐이다.

— 에머슨

패배의 날을 기념하는 유대인

사람들은 대개 기쁜 날이나 즐거웠던 일들을 기념하고 싶어 한다. 패배의 날이나 부끄러웠던 날들을 기념일로 정하는 사람은 드물다. 그러나 유대인들은 그들의 역사에서 부끄럽고 숨기고 싶은 날들을 기념일로 정해 놓고 계속 잊지 않으려고 노력한다. 유대인들은 유월절이라는 제삿날이 있다. 유월절은 유대인들이 이집트에 노예로 잡혀 있다가 탈출하여 유대로 돌아온 때를 기념하는 축제일이다.

유월절이 되면 유대인들은 상징적인 음식 몇 가지를 준비한다. 우선 쓴 나물을 먹는다. 이것을 먹음으로써 패배의 쓴맛을 잊지 않으려는 것이다. 또 두 번째는 효모가 들어 있지 않은 빵을 먹는다. 이것은 유대인들이 이집트에 노예로 끌려가 있을 때 먹었던 빵이다. 이 빵을 먹으면서 민족의 수치였던 그 시절을 떠올리는 것이다.

또 다른 한 가지는 삶은 달걀이다. 삶으면 삶을수록 단단해지는 달걀처럼 유대인도 어려움에 처하면 처할수록 똘똘 뭉쳐 내일에 대한 희망을 가지자고 다짐을 한다.

이처럼 유대인들은 유월절 식탁에 차려진 음식들을 먹으면서 노예 시절을 떠올린다.

그러나 그보다 더 중요한 사실은 지난날의 어려운 노예 시절을 떠올리고 마는 것이 아니라 그것을 기념함으로써 내일의 교훈으로 삼는다는 데 있다.

지난날의 실수와 잘못을 쉽게 잊어버리는 민족은 그와 같은 실수를 또 할 수 있다.

그러나 실수를 되새기며 내일을 준비하는 민족은 반드시 승리하는 미래를 맞게 되는 것이다.

❖ 형제들이 집안에서 서로는 다툴지언정 일단 외부로부터의 침략이 오면 그만큼의 힘으로 외세를 물리친다.

― 시경

일곱 가지 단계

탈무드에 의하면 남자의 생애는 7단계로 나뉜다.
1. 한 살은 임금님 – 모두가 모여서 왕을 모시듯이 달래거나 어르거나 비위를 맞춘다.
2. 두 살은 돼지 – 흙탕 속에 뛰어 다닌다.
3. 열 살은 양 – 웃고 떠들고 뛰어 다닌다.
4. 열여덟 살은 말 – 크게 자라서 자기의 힘을 남에게 과시해 보려 한다.
5. 결혼 하면 당나귀 – 가정이라는 무거운 짐을 지고, 터벅터벅 걸어가지 않으면 안 된다.
6. 중년은 개 – 가족을 살리기 위해 사람들의 호의를 구걸하지 않으면 안 된다.
7. 노년은 원숭이 – 어린이로 되돌아가지만 아무도 관심을 기울여 주지 않는다.

말씀, 머리, 가슴, 나아가 온몸으로 쏟아내는 외침입니다

일곱 가지 규율

탈무드 시대의 유대인은 자주 비 유대인과 함께 일을 하거나 생활하거나 했다.

그러나 유대교에서는 결코 비 유대인을 유대화시키려고 하지 않았다.

다만 평화스러운 관계를 유지하기 위해 비 유대인에게 일곱 가지만 지켜 달라는 규율을 주었다.

1. 살아 있는 동물을 죽여서 즉시 날고기로 먹지 마라.
2. 사람을 욕하지 마라.
3. 훔치지 마라.
4. 법을 어기지 마라.
5. 살인하지 마라.
6. 근친상간을 하지 마라.
7. 불륜한 관계를 하지 마라.

신(神)

어떤 로마인이 랍비에게 와서 말했다.

"당신들은 하느님의 이야기만 하는데, 신이 어디 있는지 말해 보시오."

어디에 있는가를 가르쳐 주면 자기도 그 신을 믿겠다는 것이었다. 랍비는 물론 로마인의 심술궂은 질문을 무시해 버릴 수는 없었다.

랍비는 로마인을 밖으로 데리고 나가서 태양을 가리키며 말했다.

"저 태양을 보시오!"

로마인은 잠시 태양을 힐끗 쳐다보고는 이렇게 소리쳤다.

"그런 엉터리 같은 말을 하지 마라. 태양을 똑바로 바라볼 수는 없지 않은가!"

그러자 랍비는 이렇게 말했다.

"당신은 신이 창조하신 많은 것 중의 하나인 태양조차 바로 볼 수가 없으면서, 어찌 위대한 신을 볼 수 있는가!"

❖ 신(神)은 곳곳에 가 있을 수 없기 때문에 어머니들을 만들었다.

– 유대 격언

위생 관념

탈무드의 가르침에 따르면 유대인은 보건 위생에 대한 관념이 대단히 엄격하다.

다음은 몇 가지 가르침이다.

1. 컵의 물을 마실 때에는 사용하기 전에 헹구고 사용한 뒤에도 다시 헹구어라.
2. 자기가 사용한 컵을 씻지 않고 남에게 건네서는 안 된다.
3. 안약을 넣는 것보다 아침 저녁 눈을 물로 씻는 게 낫다.
4. 의사가 없는 곳에 살지 마라.
5. 화장실에 가고 싶을 때에는 한 시간도 참지 마라.

유대인의 생활

일출과 동시에 일어나서, 먼저 손을 씻고 식사하기 전 30분 가량 기도를 외우지 않으면 안 된다. 기도 할 때는 팔과 머리에 성스러운 상자를 매어 달고 목띠를 몸에 감고서 기도한다.

집에서 기도를 외워도 좋지만 대개는 가까운 예배당에 가서 예배한다. 그러나 예배당에서나 집에서의 기도의 말은 똑같다. 예배당에 가면 다른 사람들도 모여서 기도를 외우고 있으므로 함께 기도할 수 있다는 이점이 있다. 심리적으로 자기 혼자서 기도하면 이기적이 되고 집단으로 기도하면 집단 의식이 강해진다. 그리고 아침 식사를 한다. 그때 손을 씻고 짧은 기도를 한다. 그리고는 아침 식사를 한다. 만약 친구나 딴 사람이 있으면 함께 목소리를 맞추어 기도 한다.

그 후에 각자의 일을 한다.

오후는 정오에서 일몰까지의 사이, 대체로 5분 정도의 짧은 기도를 외우지 않으면 안 된다. 그리고 밤에는 가까운 아카데미에 가서 공부한다. 그 까닭은 유대인의 하루 중에 어떻게 시간을 내서든지 공부하지 않으면 안 되기 때문이다.

말씀, 머리, 가슴, 나아가 온몸으로 쏟아내는 외침입니다

기도보다 중요한 정직

지금은 이스라엘이 독립 국가다. 그러나 옛날에는 오랫동안 세계에 흩어져 살았으므로 국가라는 것이 없었다. 과거의 유대인들이 나라 없이 살면서도 살아남을 수 있었던 비결은 무엇일까?

첫째, 국가도 무기도 없었지만 인내력을 가지고 있었다. 과거의 유대인들은 나라가 없었기 때문에 다른 나라에 들어가 살았다. 그곳에서 사업을 잘하여 성공을 거둘 때가 되면 그 나라 정부나 민족으로부터 박해를 받아 애써 모아둔 재산을 몽땅 빼앗겼다. 하지만 좌절하거나 포기하지 않고 다시 새로운 사업을 생각하여 일으키곤 하였다. 그렇게 할 수 있었던 것은 인내력 덕분이다.

둘째는 꼭 이기겠다는 마음가짐이다. 이것은 반드시 살아남아야 한다는 생각에서 비롯된 것이다. 절대로 포기하지 않고 칠전팔기의 정신이 있었기 때문에 가능했던 것이다.

셋째는 자기 자신의 믿음이다. 즉 자기의 재능에 대한 믿음이다. 어떤 일에 실패를 하였더라도 다시 일으킬 수 있다는 자신감이다.

넷째는 유대인의 높은 교육 수준이다. 유럽의 교육 수준이 낮았던 중세 때에도 유대인들은 모두 글을 읽고 쓸 줄 알 정도였다.

이러한 장점이 있었기 때문에 유대인들은 어려운 상황에서도 좌절하거나 포기하지 않고 끝내 나라를 되찾을 수 있었다.

또 한 가지는 자기 민족에 대한 사랑과 도덕심을 가지고 일을 한다. 유대인들은 자신에 대한 평판을 가지고 유대인의 이름을 욕되게 하지 않으려고 노력을 하였다.

말씀 머리 가슴, 나아가 온몸으로 쏟아내는 외침입니다

랍비 라비는 사람이 죽어서 하늘나라에 가면 제일 먼저 '너는 정직하게 살았느냐?'라는 질문을 받는다고 한다. 이 랍비는 사람이 사는 동안 얼마나 많은 사람을 도우며 살았는지 얼마나 하느님께 기도했는지보다 더 중요한 것이 정직하게 사는 것임을 가르치고 있다.

실제로 랍비들은 상점을 돌아다니며 물건의 크기와 무게, 가격, 품질 등을 직접 조사하기도 한다. 유대인들은 장사를 할 때 많은 이익을 남기기보다 정당한 값을 받고 파는데 더 신경을 썼다. 이러한 유대인의 태도가 사람들에게 신뢰를 얻게 되면서 유대인들의 사업이 번창할 수 있었다.

❖ 만날 약속이 성립된다는 것은 상대방의 신뢰를 얻었다는 증거이다. 만약에 약속을 파기하면 상대방으로부터 도둑질을 한 셈이다. 그렇다고 돈을 훔친 것은 아니다. 상대방으로서는 평생 돌이킬 수 없는 시간을 뺏은 것이다.

– A. 카네기

한 민족을 이어주는 일상의 끈

유대인들에게는 안식일이 있는데, 매주 한 번씩 돌아오는 금요일 해가 지는 때부터 토요일 해가 지기 직전까지를 안식일이라고 한다. 이 안식일 동안 유대인들은 움직이는 일은 전혀 할 수 없다.

이 날은 음식도 만들 수 없기 때문에 미리 전날 음식을 만들어 전날 피워 둔 난로 위에 식지 않도록 얹어 둔다. 유대인들은 안식일을 가족의 날로 생각한다. 아주 특별한 날을 제외하고는 그날만큼은 반드시 가족과 함께 보낸다. 그래서 유대인들은 안식일을 피하여 여행이나 출장을 가도록 한다. 안식일에는 온 가족이 모여 기도하고, 노래도 하고, 단란하게 이야기도 한다.

유대인들의 어머니들은 안식일 전날 집안을 깨끗하게 청소를 해 놓는다. 그리고 특별한 요리를 만들기 위해 장을 보러 가고 이 날은 좋은 재료를 사기 위해 신경을 쓴다. 아버지

말씀, 머리, 가슴, 나아가 온몸으로 쏟아내는 외침입니다

는 이 날이 되면 집에 일찍 들어와 몸을 청결히 한다. 그리고 가족 모두들 자기가 가지고 있는 옷 중에 제일 좋은 옷을 꺼내 입는다. 온 가족이 모두 예배당에 간다. 그곳에서 유대인들은 기도만 드리는 것이 아니다. 그 지역에 사는 모든 유대인들이 모여 예배를 드리고 난 후에는 교육과 가족, 세계의 정치 등에 관한 이야기를 나눈다.

집에 돌아오면 온 가족이 함께 식탁에 둘러앉는다. 그럼 아버지가 안식일의 기도를 드린다. 새로 시작되는 한 주가 더 좋은 시간이 되도록 가족과 함께 기원한다.

식사 감사 기도를 드린 후에는 아버지가 가족 한 사람 한 사람에게 포도주를 따르고 빵을 뜯어 나누어 준다. 이미 출가한 자식들 몫의 빵도 뜯어서 식탁에 놓는다.

그렇게 함으로써 집을 떠나 있는 형제들도 한 가족이라는 사실을 잊지 않게 하려는 것이다.

유대인들의 이런 가족 의식은 유대인 모두에게로 확대시킨다. 유대인은 모두가 한 곳에서 태어난 한 가족이라고 생각을 한다. 이러한 생각은 세계 각처에 흩어져 있는 유대인들에게 서로가 연결되어 있음을 깨닫게 한다. 또한 조상들과 현재의 유대인을 묶어 주기도 한다.

　식사가 끝난 다음에는 노래를 부른다. 비록 부르는 노래는 집집마다 다르지만 가정 대대로 내려오는 노래를 부르면서 유대인들은 가정의 소중함을 새삼 느끼게 되는 것이다.

　이처럼 유대인 사이에서 안식일이 계속되는 한 유대인은 멸망하지 않을 것이다. 유대인에게 안식일은 이처럼 아주 의미가 큰 날이다.

❖ 습관은 하나의 큰 끈이다. 우리들은 매일 그것을 꼬고 있지만, 결코 그것을 풀 수는 없다.

— 하인리치 만

말씀 머리 가슴 나아가 온몸으로 쏟아내는 외침입니다

붕대의 위력

법이란 붕대와 같은 것이다. 어떤 나라의 왕자가 밖에 나가 놀다가 팔에 상처를 입었다. 왕이 상처 입은 아들에게 붕대를 매어 주면서 말을 하였다.

"이 붕대를 감고 있는 동안은 네가 하고 싶은 대로 먹고, 뛰고, 물에 들어가도 아프지 않을 것이다. 그러나 이 붕대를 감지 않으면 상처는 금방 덧나게 된다."

사람도 마찬가지이다. 사람의 마음속에는 악한 것을 바라는 성질이 감추어져 있다.

그러나 법을 마음속에 간직하고 있는 한 악한 성질을 이길 수 있다.

손을 감싸고 있는 붕대처럼 사람의 마음속이 법으로 감싸져 있다면 자신이 원하는 무슨 일을 하든지 그 행동에 어긋남이 없게 된다.

자루의 힘

쇠가 처음 만들어졌을 때 세상의 모든 나무들이 두려움에 떨었다.

"이제 우리 나무들은 모두 쇠에게 베어지게 될 거야."

그 모습을 본 하느님은 나무들에게 말을 하였다.

"아무 염려 하지 마라. 너희들이 도끼 자루를 제공하지 않으면 쇠는 너희들을 다치게 할 수 없을 것이다."

가장 강한 사람

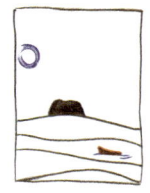

〈탈무드〉에서는 가장 강한 사람을 말한다. 먼저 사람의 몸에 무엇이 있는지 한 번 살펴보겠다.

우선 머리, 눈, 코, 입, 귀, 손과 발, 심장, 소장, 대장 등 기관이 굉장히 많다. 그런데 이 기관들은 스스로 움직일 수가 없다. 그러면 무엇에 따라 움직이는 것일까?

그것은 바로 마음이다.. 마음이 이 많은 기관을 다스리고 있다고 할 수 있다.

마음은 보고, 듣고, 걷고, 서고, 기뻐하고, 부드러워지고, 슬퍼하고, 잘난 척하거나, 사랑하고, 미워하고, 반성하는 등 많은 일을 한다. 그러므로 가장 강한 사람은 자신의 마음을 잘 다스리는 사람이다.

인간이란?

인간에게는 세 개의 이름이 있다.
태어날 때 부모가 붙여 준 이름, 친
구들이 우정으로써 부르는 이름,
그리고 죽을 때까지 쌓아 올린
명성이다.

* 반성하는 사람이 서 있는 땅은 위대한 랍비가 서 있는 땅
  보다 훨씬 소중하다.
* 세계는 진리, 법, 평화라는 세 개의 토대 위에 서 있다.
* 백성의 소리는 하느님의 소리이다.
* 하느님은 말씀하셨다.
  " 나에게는 네 명의 아이가 있고, 너희에게도 네 명의 아
  이가 있다. 너희의 네 아이는 아들, 딸, 하인, 하녀이고,
  나의 네 아이는 과부, 고아, 이방인, 승려이다. 나는 너희

의 아이들을 돌보아 준다. 그러니 너희는 나의 아이들을 보살펴라."

* 인간은 남의 작은 피부병은 금방 알아내도 자기의 중병은 미처 깨닫지 못한다.
* 거짓말쟁이에게 주어지는 최악의 벌은 그가 진실을 말하여도 사람들이 믿지 않는 것이다.
* 인간은 20년이나 걸려 배운 것을 2년 동안에 잊어 버릴 수도 있다.
* 인간은 심장 가까이에 유방이 있고, 동물은 심장에서 먼 곳에 유방이 있다. 이것은 하느님의 깊은 배려이다.

인간은 누구나 조물주의 손에서는 선하지만, 인간의 손에 건너와서 악해진다.
- 루소

변화무쌍한 악의 모습

악은 충동의 구리와 같은 것이어서 불 속에 있을 때는 어떤 모양으로 만들 수 있다.

* 만약 당신이 악의 충동에 끌리게 된다면 그것을 물리치기 위하여 무엇인가 배우기 시작해야 한다.
* 세상에 올바른 일만 하는 사람이란 있을 수 없다.
* 악의 충동은 처음에는 매우 달콤하지만 그러나 끝났을 때는 매우 쓰다.
* 죄는 태아 때부터 인간의 마음속에서 싹터 인간의 자람에 따라 강하게 된다.
* 만약 인간에게 악의 충동이 없다면 집도 짓지 않고 아내를 만나지도 않고 자식을 낳지도 않을 것이다.
* 죄는 미워하되 사람은 미워하지 말아야 한다.
* 죄는 처음에는 손님이지만 그대로 두면 그 집의 주인이

된다.
* 죄는 처음에는 거미줄처럼 가늘지만 나중에는 배를 매어 두는 밧줄과 같이 강하게 된다.
* 죄는 처음에는 여자와 같이 약하나 내버려 두면 남자와 같이 강하게 된다.
* 죄는 태아 때부터 인간의 마음속에서 싹터 인간이 자람에 따라 강하게 된다.

◆ 조그마한 구멍이 배를 침몰시키듯이, 한 가지의 죄가 사람을 파멸시킨다.
― 번연

교육의 향기

향수 가게에 들어갔다 나오면 물건을 사지 않았더라도 몸에서 향수 냄새가 난다.

* 칼을 가지고 선 사람은 책을 가지고 서지 못하지만 책을 가지고 선 사람은 칼을 가지고도 설 수 있다.
* 가죽 가게에 들어갔다 나오면 마찬가지로 가죽을 사지 않아도 가죽 냄새가 몸에 밴다.
* 나를 아는 것이 최고의 지혜이다.
* 의사의 충고를 따르는 생활을 하면 더 큰 병으로 의사에게 돈을 낼 필요가 없어진다.
* 기억을 잘 하게 하는 가장 좋은 약은 감동시키는 것이다.
* 비싼 진주가 없어진다면 그것을 찾기 위해 하찮은 양초가 사용된다.
* 인류에게 뛰어난 지혜를 가져다 준 것은 가난한 사람의

자손들이므로 그들은 사람들로부터 존경을 받게 될 것이다.
* 사람은 학교가 없는 마을에서 살지 못한다.
* 지식은 얕으면 곧 잃게 된다.
* 이름은 팔리면 이내 잊혀지게 된다.
* 고양이에게서는 겸손함을 배울 수 있고, 개미에게서는 정직함을 배울 수 있다. 비둘기에게는 정절을, 수탉에게는 재산의 권리를 배울 수 있다. 이들은 팔려지면 곧 잊혀지게 된다.
* 아이들을 가르친다는 것은 어떤 것일까요? 그것을 하얀 종이에 글씨를 쓰는 것과 같다. 노인을 가르친다는 것은 어떤 것일까? 그것은 이미 많은 것이 씌어져 빽빽한 종이의 빈 곳에 글씨를 넣는 것과 같은 것이다.

교육은 하늘이 내린 가치를 높이고, 올바른 수련은 마음을 굳세게 한다.
- 호라티우스

돈의 양면성

사람의 마음에 상처를 입히는 것에는 세 가지가 있다.

근심, 말다툼, 빈 지갑이다.

그 중에서 빈 지갑은 가장 큰 상처를 입힌다.

* 몸의 모든 부분은 마음에 의지하고 있고, 마음은 돈 지갑에 의지하고 있다.
* 돈은 나쁘거나 저주 받은 것이 아니고, 오히려 사람을 축복해 주는 물건이다.
* 돈은 물건을 사고 파는 데 쓰여야지, 술을 마시는 데 쓸 것은 못 된다.
* 부는 요새이며, 빈곤은 폐허이다.
* 돈은 하느님에게서 선물을 살 수 있는 기회를 베풀어 준다.

* 돈을 빌려 준 사람에게 화를 내는 사람은 없다.
* 돈이나 물건을 그냥 주는 것보다는 빌려 주는 것이 좋다. 그냥 주게 되면 받은 사람은 준 사람의 아래에 있게 되지만, 빌려 주면 서로 똑같은 입장이 될 수 있다.

❖ 돈을 소유하는 데도 여러 가지 방식이 있다. 소위 부자들은 돈 한 푼 없게 되었을 때에도 자기 자신이라고 하는 듬직한 재산을 가지고 있다.

— 알랭

말씀 머리 가슴 나아가 온몸으로 쏟아내는 외침입니다

동물이 보여주는 지혜

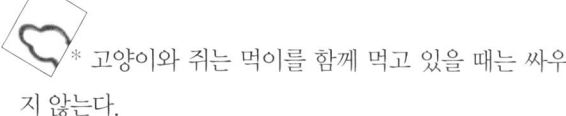
* 고양이와 쥐는 먹이를 함께 먹고 있을 때는 싸우지 않는다.
* 여우의 머리가 되기보다는 사자의 꼬리가 되라.
  간교한 꾀보다는 묵묵한 지혜로움으로 사는 것이 더 낫다.
* 동물은 자기와 같은 종류의 동물하고만 어울려 생활한다. 이리와 양, 혹은 하이에나와 개가 서로 어울릴 수 있을까? 부자와 가난한 사람도 이와 마찬가지이다.
* 한 마리의 개가 짖으면 모든 개가 덩달아 짖는다.

말씀 머리 가슴 나아가 온몸으로 쏟아내는 외침입니다

랍비 힐렐의 명언

* 만약 자기 자신만 생각하는 사람이 있다면 그것은 자기 자신을 위할 자격조차 없다.
* 인생 최고의 목적은 평화를 사랑하고, 평화를 구하고, 평화를 가져오는 것이다.
* 지금 그것을 하지 않는다면 언제 할 수 있는 날이 돌아올까?
* <u>스스로</u> 자신을 위하여 노력하지 않는다면 누가 당신을 위하여 노력해 주겠는가?
* 만약 당신의 주위에 뛰어난 사람이 없다면, 당신 자신이 그렇게 되지 않으면 안 된다.
* 인내력이 없는 사람은 교사가 될 수 없다.
* 상대방의 입장에 서지 않고서 남을 판단하지 마라.
* 당신이 지식을 쌓지 않는다는 것은 사실은 지식을 줄이고 있는 것이다.

남자와 여자 사이

* 첫 사랑의 여성과 결혼하는 자만큼 행운아는 없다.
* 미인은 보는 것이지 결혼하는 것은 아니다.
* 인생에서 늦어도 상관없는 것 두 가지가 있다. 그것은 결혼과 죽음이다.
* 모든 신부는 아름다워 보이고, 모든 죽은 자도 정중해 보인다. 그러나 모든 결혼이 다 경사스럽고 모든 죽음이 다 경건한 것은 아니다.
* 아내는 남편에 대해서 신혼 시절에는 창부처럼, 다음에는 비서처럼, 그 다음에는 간호사처럼 행동하지 않으면 안 된다.
* 남성이 여성과 관계를 맺고 기쁨과 슬픔을 느낄 수가 있으면 그 남자가 젊었다는 증거이고, 중년이 되면 어떤 여성과도 기뻐하게 된다. 그리고 여성을 만나 기쁘지도 슬프지도 않다면 늙었다는 증거이다.

* 열 나라를 아는 일이 자기의 아내를 알기보다 오히려 쉽다.
* 남자를 늙게 하는 것이 네 가지가 있다. 불안, 노여움, 아이들, 그리고 악처다.
* 아무리 사랑이 중요하다고 생각하더라도 사랑하는 상대가 없으면 뜻이 없다.
* 한창 연애하고 있을 때에는 자기와 연애를 하고 있는지 상대편과 연애를 하고 있는지 잘 생각해라.
* 연애를 하고 있는 자는 유리 눈을 하고 있다.
* 인간은 세 가지를 숨길 수가 없다. 기침, 가난, 그리고 연애다.
* 연애를 하는 딸을 집에 가두는 것은 1백 마리의 벼룩을 울타리 안에 넣어 두기보다 어렵다.
* 여자는 여섯 살이 되어도, 예순 살이 되어도 결혼식 행진곡이 들리면 춤을 춘다.
* 여자를 재는 데에는 세 가지 척도가 있다. 요리, 복장, 남편 이 세 가지는 여자가 만드는 것이다.

입과 혀의 재앙

* 현명한 사람은 눈으로 본 것을 이야기하고, 어리석은 자는 귀로 들은 것을 이야기한다.
* 귀로 무엇을 듣고, 눈으로 무엇을 볼 것인가를 자기 임의대로 결정하기가 어렵다. 그러나 입은 임의대로 할 수 있다.
* 혀는 마음의 펜이다.
* 남의 입에서 나오는 말보다 자기의 입에서 나오는 말을 주의 깊게 들어라.
* 자기의 말은 자기가 건너는 다리라고 생각하여라. 탄탄한 다리가 아니면 그대는 건너지 않을 테니까.
* 버릇이 나쁜 혀는 버릇이 나쁜 손보다 더 나쁘다.
* 맞은 아픔은 언젠가는 없어지지만, 모욕당한 말은 영원히 잊혀지지 않는다.
* 쉽게 대답하는 사람은 쉽게 실수를 저지른다.

말은 머리, 가슴, 나아가 온몸으로 쏟아내는 외침입니다

- 말이 그 대의 입 안에 들어 있는 동안은 그대의 노예이지만, 일단 밖으로 나가면 그대의 주인이 된다.
- 밤에 이야기를 할 때에는 목소리를 낮추고, 낮에 이야기를 할 때에는 주위를 잘 살펴라.
- 여자에게 비밀을 이야기하기 전에, 여자의 혀를 자르라.
- 자기의 일을 자랑하는 것이, 남의 욕을 하는 것보다 낫다.
- 제 아무리 아름다운 목소리로 우는 새도 식사 할 때는 입을 다물지 않으면 안 된다.
- 침묵을 지키는 것도 하나의 대답이다.
- 웅변적인 침묵도 있을 수 있다.
- 싸움을 진정시키기 위한 약은 침묵이다.
- 모든 거짓말은 금지되어 있으나, 한 가지만은 예외가 있다. 평화를 가져오기 위해 사용하는 거짓말이다.

◆ 한 가지 거짓말을 하는 자는 자기가 얼마나 무거운 짐을 지게 될지 전혀 모른다. 왜냐하면 하나의 거짓말을 하기 위해서는 다른 거짓말을 스무 개나 하지 않으면 안 되기 때문이다.

- 조나단 스위프트